全集

伝え継ぐ 日本の家庭料理

四季の行事食

（一社）日本調理科学会 企画・編集

はじめに

日本は四方を海に囲まれ、南北に長く、気候風土が地域によって大きく異なります。このため各地でとれる食材が異なり、その土地の歴史や生活の習慣などともかかわりあって、地域独特の食文化が形成されています。地域の味は、親から子、人から人へと伝えられていくものですが、食の外部化が進んだ現在ではその伝承が難しくなっています。このシリーズは、日本人の食生活がその地域ごとにはっきりした特色があったとされる、およそ昭和35年から45年までの間に各地域に定着していた家庭料理を、日本全国での聞き書き調査により掘り起こして紹介しています。

本書では、年末年始以外で、各地のさまざまな行事でつくられる料理を集めました（*）。季節ごとに家族の無病息災を願う節分や夏祭り、子どもの成長を願う節句があります。農作業の進みに合わせ、田植えがすめば秋の豊作を祈り、刈り取りが終われば収穫に感謝する行事をします。暦とは別に、誕生や成人、結婚や長寿の祝い、あるいは年忌といったご先祖様も含めた人生の節目の行事もあります。これらの行事の度に人々は集まって祝ったり偲んだりするものでした。その場のために旬のものを使い、あるいは大事に保存しておいた山菜や乾物など、その年のできのよい食材を奮発してごちそうをつくります。共同で調理をしたり、家々の味を持ち寄ったりと、地域の味が伝承される機会にもなりました。昆布巻きをちょうどよい強さで縛る加減、照りよく煮上げるこつや、膳や大皿にもてなしの気持ちをこめる盛りつけ方などは、一緒につくって食べる経験の中で受け継がれてきました。

本書『四季の行事食』で「伝え継ぐ 日本の家庭料理」は全16冊完結となります。聞き書き調査は日本調理科学会の会員が47都道府県で行ない、地元の方々にご協力いただき、できるだけ家庭でつくりやすいレシピとしました。この記録が、地域の味のたすきをつなぐきっかけに少しでもなれば、これほど嬉しいことはありません。これまでご協力くださった全国の多くの皆様と、完結までご愛読くださった読者の皆様に心よりお礼申し上げます。

2021年8月

一般社団法人 日本調理科学会 創立50周年記念出版委員会

＊雑煮やおせち料理など年末年始の料理については『年取りと正月の料理』にまとめています。

目次

イラスト／武藤良子（目次、p120、122）

凡 例

◎「著作委員」と「協力」について

「著作委員」はそのレシピの執筆者で、日本調理科学会に所属する研究者です。「協力」は著作委員がお話を聞いたり調理に協力いただいたりした方（代表の場合を含む）です。

◎ エピソードの時代設定について

とくに時代を明示せず「かつては」「昔は」などと表現している内容は、おもに昭和35～45年頃の暮らしを聞き書きしながらまとめたものです。

◎ レシピの編集方針について

各レシピは、現地でつくられてきた形を尊重して作成していますが、分量や調理法はできるだけ現代の家庭でつくりやすいものとし、味つけの濃さも現代から将来へ伝えたいものに調整していることがあります。

◎ 材料の分量について

・1カップは200mℓ、大さじ1は15mℓ、小さじ1は5mℓ。1合は180mℓ、1升は1800mℓ。

・塩は精製塩の使用を想定しての分量です。並塩・天然塩を使う場合は小さじ1=5g、大さじ1=15gなので、加減してください。

・塩「少々」は親指と人さし指でつまんだ量（小さじ1/8・約0.5g）、「ひとつまみ」は親指と人さし指、中指でつまんだ量（小さじ1/5～1/4・約1g）が目安です。

◎ 材料について

・油は、とくにことわりがなければ、菜種油、米油、サラダ油などの植物油です。

・濃口醤油は「醤油」、うす口醤油は「うす口醤油」と表記します。ただし、本書のレシピで使っているものには各地域で販売されている醤油もあり、原材料や味の違いがあります。

・「砂糖」はとくにことわりがなければ上白糖です。「ザラメ」「黄ザラ」は、中双糖《ちゅうざらとう》のことです。

・「豆腐」は木綿豆腐です。

・味噌は、とくにことわりがなければ米麹を使った米味噌です。それぞれの地域で販売されている味噌を使っています。

・単に「だし汁」とある場合は、だしの素材は好みのものでよいです。

・「落花生（乾燥）」は、収穫後さや（殻）ごと乾燥させてから、さやをむいたむき身のことで、非加熱です。産地などでは「生落花生」と呼ばれています。

・海藻、豆類は、基本的に乾燥加工したものです。

・「上新粉」「うるち米粉」はうるち米の粉、「もち粉」「白玉粉」はもち米の粉です。単に「米粉」というとうるち米の粉を指すことが多いです。

◎うま味と旨みの表記について

本書では、5つの基本味のひとつ*である「うま味（Umami）」と、おいしさを表現する「旨み（deliciousness）：うまい味」を区別して表記しています。

*あとの4つは甘味、酸味、塩味、苦味。

計量カップ・スプーンの調味料の重量（g）

	小さじ1（5mℓ）	大さじ1（15mℓ）	1カップ（200mℓ）
塩（精製塩）	6	18	240
砂糖（上白糖）	3	9	130
酢・酒	5	15	200
醤油・味噌	6	18	230
油	4	12	180

新春・初午・旧正月

三が日を過ぎても新春を祝う行事は続きます。七草のかゆや鏡開きのおしるこ、節分の豆でつくる香ばしい〝福茶〟。北関東では初午《はつうま》にすみつかれ、しもつかれなどと呼ぶ料理で一年の健康を願います。中国の旧正月（春節）の大根もちが定着した地域もあります。

〈山梨県〉小正月

だんごばら

小正月に火を焚き、もちやだんごをあぶって食べる風習は山梨県に限ったことではなく、各地にあります。山中湖村では1月14日に村の8カ所それぞれで御神木《ごしんぼく》を立て、かたわらでどんど焼きをします。ここでしめ縄などの正月飾りや書き初めなどを焼くのです。

この火であぶるだんごは、ズミやカリンなど、バラ科の木の枝に刺すことから「だんごばら」とも呼ばれています。あぶっただんごを食べると、風邪をひかないとか、歯が丈夫になり虫歯にならないなどといわれます。当日、枝に刺しただんごばらを子どもたちが持ち寄り、親に見守られるなか、焼いて食べます。

だんごばらは神棚のある部屋にもしばらく飾られます。大きさは家々で異なりますが、一部屋を占領するような大きな木の枝を用意し、白、赤、緑、黄色のだんごばらを飾る家もあります。これらの行事は、道祖神を祀《まつ》る、神仏に対する信仰心や住民の強い結びつきから守られてきました。

協力＝菊地のり代　著作委員＝阿部芳子

＜材料＞ 30個分

うるち米粉（上新粉）…300g
熱湯…210〜240g（粉の70〜80％重量）*
┌食紅（赤）…適量
└水…適量

*手で、耳たぶほどのかたさでまとまる程度の量。様子を見て加減する。

＜つくり方＞

1 木鉢またはボウルに米粉を入れ、そこに熱湯を回し入れながら（写真①）、手か木しゃもじでパラパラになるように混ぜる（写真②）。
2 手で丸めながら、耳たぶほどのかたさの塊にし、半分に分ける（紅白のだんごをつくるため）。
3 2の半分（白だんご用）を30回ほどこねてから（写真③、④）、直径3cmほどのだんごに丸める。
4 2の半分（赤だんご用）に食紅を水で溶いたものを入れてから30回ほどこねる。こね生地が淡いピンク色になる程度に色づけする。直径3cmほどのだんごに丸める。
5 鍋にたっぷりの湯を沸かし、沸騰したら、だんごを入れる（写真⑤）。
6 再沸騰したら、だんご同士がくっつかないように木しゃもじで2〜3回かき混ぜ、浮き上がって2分ほどしたら、ザルにあげて冷ます（写真⑥）。うちわで風を当てるとつやが出る。

御神木を立てる。7色のおしんべ（紙垂）がついて、てっぺんには扇が飾られている

家の神棚にだんごばらをお供えする

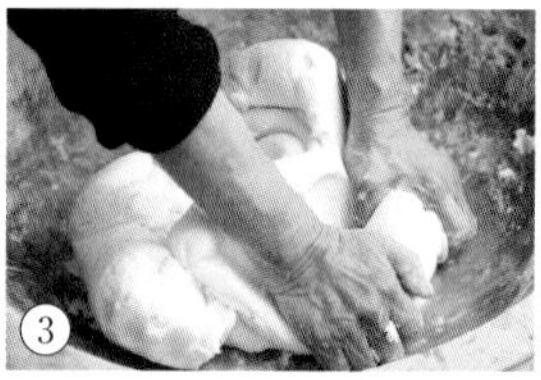

だんごの形や食べ方

養蚕農家では蚕が丈夫に育ってよい繭（まゆ）ができるようにと祈りをこめ、だんごを繭に見立ててつくり、「繭玉」と呼ぶ地域もあります。山中湖村も昔は養蚕農家が多かったため、家によっては繭の形や、商売繁盛、豊作を祈念して小判形、俵形、山中湖にちなんだ舟形のだんごもつくられています。

基本は紅白ですが、緑や黄色（とうもろこし粉のだんご）も家によっては見かけます。うるち米の粉でつくるので飾るとすぐに乾燥してかたくなります。3日も飾るとひび割れてカチカチになり食べにくいため、つくらなくなった家が増えた事情はあります。かたくなっただんごは、水につけてやわらかくしたあと、汁物に入れたり、ゆでたり蒸したりしたものをきな粉や砂糖にまぶして食べます。本家で飾ったかたくなっただんごばらを、分家に縁起物のおすそ分けとして配ることもあるようです。

ズミの木の枝に3色のだんごとみかんを、彩りを考えて刺す

撮影／高木あつ子

〈東京都〉七草

松の内がゆ

松の内の最後の日（1月7日）に、自然の芽吹きから活力を得て無病息災を願う行事食で、春の七草をかゆに添えたことから、七草がゆとも呼ばれます。中国の五節句のひとつである人日《じんじつ》に起源があるといわれています。

現在は春の七草パック（せり、なずな、ごぎょう、はこべら、ほとけのざ、すずな、すずしろ）の市販品もあり、この7種を使う家庭が多くなりましたが、昔は地域に自生する野草を入れてつくった郷土料理です。23区のある東部より気温が低く、松の内にはまだ七草がそろわない多摩地域では、この時期に収穫できるすずな（大根）とすずしろ（かぶ）のほか、山菜なども使いました。

土鍋で炊くのは、土鍋の熱伝導が低く米がゆっくり加熱されるため、ふっくらとした甘味を感じられるおかゆになり、保温性が高いからです。ぬめりが出て焦げやすくなるので、かき混ぜないことが大切です。おかゆは消化もよく、年末年始のごちそうで疲れた胃腸を休ませました。

著作委員＝佐藤幸子

撮影／長野陽一

＜材料＞ 4人分

米…1カップ
水…1000〜1200mℓ
塩…ひとつまみ（約1g）
かぶ…1個（約50g）
かぶの葉…40g
大根…50g
大根の葉…20g

＜つくり方＞

1 米を洗い、水けをきる。
2 土鍋に米と分量の水を入れ、蓋をして強火で沸騰するまで加熱する。
3 かぶと大根は皮をむいてさいの目に切る。それぞれの葉はよく洗い、細かくみじん切りにする。
4 2が沸騰したらかぶと大根を加え、弱火にして約20分加熱し、火を止める。
5 すぐに蓋をとり、葉のみじん切りと塩を入れ、蓋をして約10分蒸らす。
6 全体を軽く混ぜ、茶碗に盛りつける。

〈佐賀県〉七草の味噌おつゆ

撮影／戸倉江里

<材料> 4人分

七草（せり、なずな、ごぎょう、はこべら、ほとけのざ、すずな、すずしろ）…120g
皮クジラ…50g
麦味噌…70g
水…4カップ

<つくり方>

1 七草を塩ゆでし、包丁でたたいてみじん切りにする。
2 クジラを湯通しし、水で洗い、塩けと油けを抜く。
3 分量の水を沸かし、クジラを入れてひと煮立ちさせ、だしをとる。弱火にして味噌を溶き入れ、七草を入れる。

七草。左上にとび出しているなずなから時計回りにほとけのざ、はこべら、せり、すずしろ、ごぎょう、すずな

2本の包丁で七草を刻む

1月7日は、野草の生命力にあやかって一年の無病息災を願い7種の草を食べる七草の日です。県西部の焼き物の町・有田では、朝に七草を入れた味噌汁をつくる風習があります。皮くじらが入って濃厚なだしとコクが加わったおつゆとご飯が出され、なますや刺身を添えることもありました。七草をかゆではなく、おつゆにして別にご飯や他のおかずを添えるのは「食い道楽」の有田ならではかもしれません。

七草の日は鶏より早く起き、隣人より早く包丁をたたきなさいと言われていたそうです。

七草なずな　唐土《とうど》の鳥が　日本の国
に　渡らぬ先に　ストトントン

という七草の唄を歌いながら2本の包丁で刻みました。包丁の音と歌声は行事を告げる音楽であり、家族の健康を願いながらつくられたのでしょう。1月は正月や七草の他にも、6日の「鬼火炊き」、14日の「もぐら打ち」などの行事があり、行事ごとに決まった料理をつくっていたそうです。

協力＝松本郁子、西山美穂子、二宮辰子
著作委員＝橋本由美子、西岡征子

撮影／長野陽一

＜材料＞ 4人分

小豆…200g
砂糖…約300g（ゆで小豆の60％）
水…400〜500mℓ
塩…ひとつまみ
切りもち…4個（あれば割った鏡もち）

＜つくり方＞

1 小豆は水洗い後、たっぷりの水（分量外）でゆでる。途中、アクをこまめにとり、差し水をして、豆がやわらかくなるまでゆでる。
2 一部の豆の皮が破れるくらいにやわらかくなったら、火を止め、湯を捨てる（ゆで小豆）。
3 ゆで小豆に砂糖と分量の水を加え、味が十分になじむまで煮る。
4 煮汁が半量程度になったら仕上げに塩を加え、味を調える。小豆あん（つぶしあん）ができあがる。
5 もちを焼き網やグリルで焼き、汁椀に盛りつけ、4の小豆あんを注ぐ。

◎箸休めとして、地域の漬物など塩けのあるものを添える。

〈東京都〉鏡開き

おしるこ

おしるこの語源は一説には「餡汁《あんしる》粉餅《こもち》」とされており、小豆《しょうず》あんの汁の中に具としてもちが入っている食べものです。古くから日本人は米に対する特別な思いがあり、12月に入るともちつきをして歳神様の御神体として供える鏡もちをつくり、正月を迎える準備をしてきました。

鏡もちは、1月11日に「鏡開き」を行ない、神様のお下がりのもちを木づちで割って食べる風習が伝承されています。多摩地域では鏡もちはおしるこにするほか、細かく砕いて油で揚げてあられにしたり、細かくくずれたもちをフライパンに並べて焼いて、砂糖や醤油をからめたりして、おやつに食べました。

小豆あんは、たいてい皮をとり除かないでつくるつぶしあんです。小豆はまんじゅうやぼたもち、小豆めしなどに使う汎用性の高い食材です。そのため各家庭では、収穫した小豆に虫がつかないように茶箱などに保存しました。小豆はお手玉の中に入れ、子どもたちの玩具にもなりました。

著作委員＝佐藤幸子

〈群馬県〉初市

焼きまんじゅう

群馬県では、初市をはじめ祭りや花見、運動会など人が集まるところには、必ず焼きまんじゅうの露店が出ます。前橋や高崎の初市はだるま市とも呼ばれ、前橋では350店もの露店が並び、縁起物のだるまを求める多くの人でにぎわいます。その中でも焼きまんじゅうの露店は、味噌だれの焼ける香ばしいにおいですぐに見つけることができます。

焼きまんじゅうは、「素《す》まんじゅう」と呼ばれる、小麦粉でつくったあんの入らない蒸しまんじゅう4個を竹串に刺し、甘い味噌だれを塗って焼きます。塗っては焼き、塗っては焼きを繰り返すので外皮はカリカリ、中はモチモチで、その場で焼きたてをほおばると、1月の寒いときでも体が温まり幸せな気分になります。よく焼いてあるので味噌はたれませんが、口の周りが汚れるので食べたことがひと目でわかってしまいます。日常でも食べたくなると町中の焼きまんじゅう店に家族で食べに行くか持ち帰って家で食べています。群馬のソウルフードといえる食べものです。

協力＝根岸弘子、布施川史子
著作委員＝渡邉靜、堀口恵子

白い素まんじゅうを両面、焦げ目をつけて焼いてから（写真左）、味噌だれを表裏につけて焼く。素まんじゅうはあんの入らない酒まんじゅうのようなもので、麹でつくった発酵のもと（す）で生地をふくらませ、蒸し上げる

伊勢崎市の初市の日に行なわれる上州焼き饅祭（まんさい）では、直径55cm、重さ5kgのまんじゅうを串に刺して焼く。焼き上げられた4個1200人分の焼きまんじゅうは切り分けて「福分け」としてふるまわれる（写真／『ググっとぐんま写真館』から転載）

撮影／高木あつ子

〈栃木県〉節分

ゆずの味噌漬けと福茶

県南西部の足利市や佐野市では、節分にはひいらぎの枝や枯れた大豆の茎に焼いたいわし（めざし）を刺します。いわしの頭を戸口に、尾は勝手口に飾ります。いわしの臭いで悪いものが家に入らないようにするといいます。さらに唾をぺっぺとかけてから飾る地域もあり、こうすると虫が入ってこないのだそうです。

豆まきが終わり、夕食後には豆まきに使った福豆（炒り大豆）を入れてよく蒸らした香り高い福茶をいただきます。福豆はそのままでも食べます。年の数だけ食べていいと言われた子どもは、大人はたくさん食べられていいなあと、ちょっと不公平に感じたりしたそうです。

このとき欠かせないのが、ゆずの味噌漬け。冬至に味噌に漬けこんで2カ月ほどたったしょっぱいゆずに、かつては貴重だった砂糖をたっぷりまぶして食べます。口の中にはゆずのさわやかな香りが広がります。味噌にはほんのりゆずの香りが移り、これを味噌汁などに入れると風味がよくおいしいものです。

協力＝高木道代　著作委員＝藤田睦、名倉秀子

撮影／五十嵐公

＜材料＞6人分

【ゆずの味噌漬け】

ゆず…1個
味噌…ゆずが漬かるくらいの量

【福茶】

節分の福豆（炒り大豆）…適量
茶葉…急須1杯分

＜つくり方＞

【ゆずの味噌漬け】

1 冬至の日にゆずを丸ごと味噌に漬け、冷暗所で保存する。
2 節分の日に味噌からゆずをとり出し、味噌を洗い流す。
3 食べやすいように切り、種をとり、砂糖（分量外）をたっぷりかけていただく。

【福茶】

4 節分の福豆（炒り大豆）を茶葉とともに急須に入れる。
5 湯を注ぎ、蒸らしてから注ぐ。

漬け上がったゆず

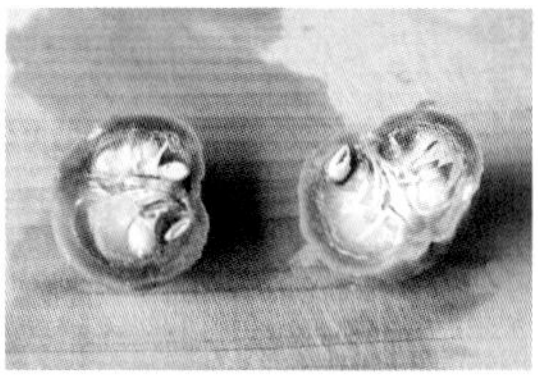

皮の内側まで漬かった状態

撮影／五十嵐公

＜材料＞4人分

塩ザケの頭…1尾分
酒粕…100g
大根…1本
にんじん…1本
炒り大豆…1カップ
だし汁 …1カップ
醤油…大さじ1

塩鮭の頭

＜つくり方＞

1 大根、にんじんは鬼おろしですりおろし、おろし汁はとっておく。
2 鍋におろし汁と、さいの目に切った塩ザケの頭を入れ、2〜3時間じっくりと煮て火を通す。
3 おろした大根とにんじん、麺棒などでつぶした大豆、だし汁、酒粕を加え、粕がとろけるまで煮こむ。
4 醤油を加えて味がしみこむまでさらに煮こむ。

〈茨城県〉初午《はつうま》

すみつかれ

鬼怒《きぬ》川沿いに位置する結城は、川周辺の土地が豊かで、米をはじめ、麦、大豆、そば、野菜全般がつくられてきました。すみつかれは、春に季節が移り、農作業の始まる初午に食べる料理で、しもつかれとも呼ばれます。正月の「塩引き」の残りの塩鮭の頭、節分の残りの炒り豆、酒粕、おろした大根とにんじんを煮たもので栄養価は高く、食材をすべて使い切る知恵もつまっています。見た目があまりよくありませんが、さまざまな食材の旨みが合わさった、濃厚な味わいです。しもつかれは赤飯と一緒に神社にお供えします。家でつくったものを近所で分け合う習わしがあり、7軒からもらって食べると、その年は病気にならないといわれます。

年末には、嫁の実家から「塩引き」が届く習慣が伝統的にあったので、塩鮭の頭の入手には困りませんでした。現在は2月の初午の時期になると、市内のスーパーで、すみつかれも材料の塩鮭の頭も売られています。

協力＝山田フジ江、中山かつ、小平美津江
著作委員＝飯村裕子、吉田恵子

〈福島県〉初午

つむじかり

　新巻鮭の頭や尾と節分の福豆を炒った大豆、鬼おろしでおろした大根とにんじんなどを醤油や酒で煮てから冷まし、味をしみこませた料理です。県内では南会津郡の一部の地域だけで初午（2月最初の午の日）に食べられています。鬼おろしでおろした大根は繊維も水けもちょうどよく残り、鮭や大豆などの具材の味がよくしみこみます。見た目も味わいも独特の料理ですが、食材が少ない冬に、身近にあるもので栄養をとるための工夫がつまっています。魔除けや厄除け、無病息災などの願いもこめられていました。

　初午の行事では、つむじかりをわらづとに入れ、赤飯と一緒に神社にお供えしました。最近は行事を行なう家庭は少なくなってきましたが、つむじかりを食べる習わしは残っており、学校の給食でも出されます。同様の料理は栃木や群馬、埼玉、千葉にもあり、地域によって「つむじけえり」「しもつかり」「しみつかり」「すみつかれ」など少しずつ呼び名が違います。

協力＝荒川美和子、湯田由美
著作委員＝會田久仁子

<材料> 10人分

大根…中1本（1kg）
にんじん…中1本（150〜200g）
炒り大豆*…30g
昆布…5g
油揚げ…50g
塩ザケの切り身**…5切れ（350g）
醤油…1/4カップ
塩…小さじ2弱（10g）
酒…大さじ2
砂糖…大さじ2強（20g）

*大豆をざっと洗って水けをふき、炒ったもの。初午では節分で使った炒り豆を使う。

**もともとは新巻鮭の頭を使っていた。新巻鮭の頭があれば1尾分（100g）使う。

つむじかりの材料。今回大豆は青大豆を使ったが、普通の大豆でよい

以前、鬼おろしは南会津の多くの家庭にあった。普通のおろし金ではなく鬼おろしを使うことで繊維が残り、水けもほどほどに抑えられ、大根らしさが味わえる。つむじかりには欠かせない道具

<つくり方>

1　炒り大豆はざっと洗い一晩水につけて戻す。
2　大根は鬼おろしでおろす。にんじんはいちょう切りにする。昆布は水で戻し、1cm幅程度の短冊に切る。油揚げは1cm幅の短冊切りにする。
3　塩ザケはひと口大に切って鍋に入れ、かぶるくらいの水を加え、火が通るまで5分ほど煮る。頭を使う場合は骨がやわらかくなるまで2時間ほど弱火で煮る。
4　3の鍋に1、2とひたひたの水を入れて中火にかける。材料がやわらかく煮え、煮汁が煮つまったら弱火にし、かき混ぜながらどろっとなるまでさらに煮つめる。
5　塩ザケの塩分を加味しながら醤油、塩、酒、砂糖を加えて味をつける。好みで酢を加える。火を止めて冷めたものを食べる。

◎冷ましてから、好みで酢1/4カップを入れてもよい。

撮影／長野陽一

〈栃木県〉初午

しもつかれ

江戸時代から続くという初午の行事食です。どこの家でもストーブの上に大きな鍋をのせて、グツグツ、コトコトと煮こみました。屋敷まわりに祀《まつ》られた稲荷に、しもつかれと赤飯を供えます。地域によってはきんぴらごぼうも供えました。料理は皿に盛る地域とわらづとに入れるところがあります。しもつかれを初午に食べると無病息災がかなうとされ、その年の豊作を祈る行事でもありました。

2月になると前年に収穫した野菜類もすが入り、とうが立つようになります。しもつかれは、そんな大根やにんじんと、お歳暮の新巻き鮭の頭、節分の豆など、ごちそうの残りものの有効利用でもあるのです。大量につくり当日は温かいものを食べ、翌日は冷たいままで食べました。温かいと酒粕を感じ、冷えると野菜のさっぱり感が強くなります。子どものいる家では甘くし、大人だけだと酒粕を多めにするなど、家々の味があります。おかず、酒肴、お茶うけなどに、数日間いただきました。

協力＝大越歌子、芝田とみえ
著作委員＝名倉秀子、藤田睦

＜材料＞ 10人分

大根…2本（2〜3kg）
にんじん…2本（300〜400g）
炒り大豆（豆まきの大豆を利用）…80g
油揚げ…2枚（約40g）
塩ザケ（正月の塩引き鮭）の頭…小1尾分（約200g）
酒粕…100〜150g
酢…大さじ2
水…2カップ
醤油、塩…各適量（塩ザケの塩加減によ る）

鬼おろしは、しもつかれの大根をおろすために各家庭にある。普通のおろし金でおろすと、細かくなめらかな口あたりだが、水分と辛みが出てしまう。鬼おろしの粗い刃でおろすと大根の水分や繊維がほどほどに保たれ、大根を食べている感覚が残る

＜つくり方＞

1 塩ザケの頭を洗って、2cmの大きさに切り、熱湯（分量外）でさっとゆでこぼし、臭みを除く。
2 大きめの鍋に、塩ザケの頭と酢と水を入れ、沸騰したら弱火にし、アクを除きながら2〜3時間コトコトと煮る。サケの頭がしゃもじでつぶせるくらいにやわらかく煮ておく。圧力鍋で約20分煮てもよい。
3 大根とにんじんは鬼おろしでおろす（写真①、②）。
4 炒り大豆はふきんに包んでもみ皮を除く。
5 油揚げは縦半分にして細切りにする。
6 酒粕は小さく手でちぎり、熱湯（分量外）に浸してやわらかくしておく。
7 大根とにんじん、炒り大豆、油揚げを大鍋に入れ、2の塩ザケの頭を煮汁ごと加えて（写真③）、強火で煮る。沸騰したら弱火にして、じっくり約1時間煮る。
8 塩ザケの頭がくずれてきて全体が混ざり、味がなじんだら、酒粕を入れ、さらにコトコトと約30分弱火で煮る。
9 最後に塩ザケの塩加減に注意して、醤油や塩で味を調える。好みで砂糖を加えることもある。

◎炒り大豆に代えて、前日から水につけて戻しておいた大豆を7で入れてもよい。

撮影／五十嵐公

すみつかれ

〈埼玉県〉初午

県東部の畑作、稲作の農業を主とした地域では、2月の初午（旧暦の場合は3月）に稲荷神社や集会所に集まって飲食が行なわれ、その際に食べる料理です。また、屋敷稲荷（屋敷まわりに祀られた稲荷）に供えて各家で祭りをする地区もあります。とくに茨城、栃木の県境および日光街道沿いの町で多くつくられています。

材料には必ず炒り大豆と大根、ほかに各家の好みでにんじん、油揚げ、酒粕、白ごまなども使われます。今は塩鮭やちくわ、さつま揚げなどを入れる家もありますが、これらは茨城のすみつかれ、栃木のしもつかれと似ており、近隣県の影響（嫁入りなど）と考えられます。大根は冬の間、室《むろ》に貯蔵しており、すみつかれをつくると、その年の大根は終わりになりました。

幸手《さって》市の農家では、初午の前夜、19〜20時に社《やしろ》に豆腐と油揚げを上げ、それらを下ろし、集会所に集まって調理して酒とともにいただく行事を現在でも行なっています。

協力＝高橋英吉
著作委員＝名倉秀子、徳山裕美

撮影／長野陽一

<材料> 10人分

大根…1kg（1本）
にんじん…100g（2/3本）
炒り大豆…1/2カップ
油揚げ…1枚
醤油…大さじ1
砂糖…小さじ1〜大さじ1（好みで）

<つくり方>

1 炒り大豆は皮を除く。
2 大根、にんじんは鬼おろしでおろす。
3 油揚げは、油抜きして小さめの短冊切りにする。
4 鍋に大豆、おろし汁も含めて大根、にんじんを入れ、火にかける。
5 沸騰してきたら弱火にして、野菜がやわらかくなるまで煮る。
6 油揚げを入れ、醤油と砂糖を加える。大豆がやわらかくなるまで1時間ほど煮る。

◎酢を加える家もある。砂糖を使うのは幸手市などに限られる。

◎にんじんをいちょう切りにする家もある。

◎「すみつかり」「しみつかれ」「しみつかり」「しみづかり」「すむずがり」など、呼び方は地域によって異なっている。

〈兵庫県〉旧正月

大根もち

大根もちは台湾や中国の南の地域で正月前後につくられるもちです。神戸には欧米人が中心の異人館街とは別に南京町と呼ばれる中華街があり、周辺には華僑や東南アジアの人々が多く居住しています。南京町の旧正月（春節祭）は外国の祭りというよりも神戸の年中行事のようになっていて、そこで欠かせない大根もちを日本人の家庭でもつくるようになりました。

もち米をつくのではなく、米粉を練って蒸してつくるもちで、せん切りにした大根がたっぷり入ります。米粉は中国・東南アジア料理の食材店で「在来米粉」として売られているもので、日本の米よりも粘りけの少ないインディカ米などを使った粉です。この在来米粉でつくると、もちも粘りすぎずさっくりとできます。紹介するレシピは干しえびや椎茸、腸詰を入れた濃厚な味わいですが、大根と粉だけでつくってもおいしく、切り分けたものを冷凍しておくと焼くだけで大根たっぷりのおやつとして重宝します。

協力＝鷲見英子　著作委員＝原知子

撮影／高木あつ子

<材料> 約10個（7×17×5.5cmのパウンド型1個）分*

大根…300g
ごま油…小さじ1
干しエビ…大さじ2（約10g）
干し椎茸…2枚
腸詰**…1本（約50g）
水…1＋1カップ
在来米粉***…150g
白ごま…小さじ1
塩…小さじ1/2
砂糖…大さじ1
こしょう…小さじ1/5
酢醤油（酢：醤油＝1：1）…適量

*写真①のように約17cm四方・深さ約5cmの缶などを利用する場合は、材料は約2.5倍必要。

**豚ひき肉、戻した貝柱など約50gでもよい。

***インディカ米の粉にコーンスターチを混ぜたもの。中華食材として中華街では常時置いてある。上新粉125gとコーンスターチ25gで代用してもよい。

<つくり方>

1 大根は厚めに皮をむき、せん切りにする。
2 干しエビ、戻した椎茸、腸詰は粗みじんに切る。
3 フライパンにごま油をひき大根をしんなりするまで炒め、2と水1カップ、塩、砂糖、こしょうを入れて煮る。
4 水けが少なくなってきたら、いったん火を止めて冷ます。米粉を1カップの水に均一に溶いて加える。
5 全体が均一になるように木べらで混ぜながら、再び加熱する。
6 流れるような状態から、だんだんかたまり状態になって、混ぜるのに力が必要になってくるが、焦がさないように、ほろりとするまで混ぜる。
7 パウンド型やお菓子の缶にオーブン用シートを敷いて、すき間ができないように詰める（写真①）。
8 表面をなめらかに整え、ごまをふり、蒸し器で強火で約40分蒸す。竹串を刺して生の生地がついてこないことを確認する。
9 蒸しあがりはやわらかくて切りにくいので、冷ましてから切り分ける。
10 フライパンに油（分量外）をひいて、表面がこんがりきつね色になるまで焼く。好みで酢醤油をつけていただく。

①

春から夏

ひな祭りに花見、歌舞伎見物と心弾む行事が増え、外で食べる弁当も特別です。田植え後は、水に困らないようにと汁をよく吸う凍み大根の煮物を食べたりします。夏祭りにはそれぞれの名物料理があり、お盆は夏野菜の彩り鮮やかな料理でご先祖様を迎えます。

〈鳥取県〉ひな祭り

おいり

ポン菓子に水あめをからめて丸めた、ひな祭りのお菓子です。鳥取では、昔はよくポン菓子をつくる業者が集落にやってきていたので、家の古米を持っていき、ポン菓子にしてもらっていました。ポン菓子はおやつに食べることもありましたが、甘い水あめをからめた大きなおいりはボリューム感もあり特別な味わいで、子どもたちの好物でした。以前は水あめが手に入りにくかったので、ひな祭りにおいりをつくると大変喜びました。

中国山地の東部に位置する智頭《ちづ》町《ちょう》はかきもちが特産品になっており、おいりにはポン菓子だけでなく、かきもちでつくったあられも入れます。サクサクしたポン菓子にカリッとしたあられがアクセントになり、食感も楽しめます。

最近ではつくる人は少なくなってきましたが、今でもひな祭りの時期になるとスーパーには地元の業者がつくったおいりが何種類も並んでおり、おいりを食べる習慣は残っています。

協力＝國政勝子、國政正子、村尾久美子、池本利子　著作委員＝松島文子、板倉一枝

<材料> 4人分

ポン菓子…75g
かきもち…2〜3枚（25g）
水あめ…50g
砂糖…30g
塩…ひとつまみ
水…大さじ1

<つくり方>

1. かきもちは3〜5㎜角に切り、フライパンで炒る。
2. 小鍋に水あめ、砂糖、塩、水を加えて中火にかける。煮立って小さな泡が出てきたら（写真①）ポン菓子とかきもちを入れた大きめの鍋に移す。あめが冷めないよう大鍋を弱火にかけながら木べらで手早くかき混ぜる（写真②）。
3. 全体にあめがからまったら熱いうちに手水をつけながら直径6㎝ほどの大きさにかためる。きつくにぎらずに手のひらで転がすように丸めるとよい（写真③）。

◎2であめが煮立ったときに、好みでしょうが汁大さじ1を加えてもよい。

撮影／五十嵐公

かきもちを炒ったあられ。ゆずやしそ、青のりやにんじんなどを入れて色づけたかきもちを使うとできあがりがきれい

〈岐阜県〉ひな祭り

からすみ

瑞浪《みずなみ》市、恵那市、中津川市などの東濃地域では、昔から、ひな祭りを月遅れの4月3日に祝う風習があります。そこで欠かせない「からすみ」はボラの卵ではなく、米粉を蒸した郷土菓子です。甘い米粉の生地に黒砂糖やくるみ、しそ、ゆず、よもぎなどを加えたり、色粉で色づけしたりと、家ごとに特徴のあるからすみがつくられています。つくりたてはそのまま食べますが、少しかたくなったらトースターなどで焼くとまた風味が変わります。切り口が富士山形になるのも特徴です。名前の由来は諸説あり、黒砂糖入りからすみが、中国(唐)の良質な墨に似ていたので「唐墨」と呼んだとか、珍味のからすみに形が似ていたからなどといいます。

ひな祭りの膳には、からすみの他に、つぼ汁(たにしの味噌汁)や尾頭つきの魚の干物(開き。焼かずに置く)などがのり、髪のきれいな女の子に育つようにとわけぎの箸が添えられるそうです。陶磁器産業がさかんなこの地域ではひな人形も陶器製の土びなでした。

協力＝有賀佳代、安藤多恵子、水野久美子、勝股恵子　著作委員＝坂野信子

<材料> 約5本分

うるち米粉…500g
砂糖…400g
塩…5g
水…525mℓ

<つくり方>

1 鍋に水を入れ、煮立ったら砂糖、塩を加えて溶かし、米粉を少しずつ入れる。再び沸騰してきたら、生地に早く水分が回り、混ぜやすくなるように箸で穴をあけながら弱火で煮る(写真①)。ボロボロとしたかたまりになったら、焦げつかないうちに火を止めしゃもじで混ぜる(写真②)。
2 1をこぶし大にちぎって、蒸し器に入れて40分蒸す。
3 2をボウルにとり、力を入れてよく練る。よもぎ、しそなど好みの具を入れる場合や、色をつける場合は、このタイミングで入れる(写真③)。
4 型にぬれ布巾やラップを敷き、3を型に沿うように押しつける(写真④)。竹皮かラップ、オーブンシートをのせてから伏せて、型から出す(写真⑤)。型がない場合は細長くのばし、上部に箸などで筋や模様をつけてもよい(写真⑥)。
5 4をもう一度20分蒸す。
6 冷めてから1cm程度に切る。

左から食紅で桃色にしたからすみ、ゆずの皮入り、よもぎ入り

「がんどうち」とつぼ汁

恵那市の一部の地域では、ひな祭りに「おひなさま見せて」と子どもたちが近所の家を回る風習があります。これは「がんどうち」と呼ばれる行事で、子どもたちは家々でお菓子やからすみをもらえるので楽しみにしているそうです。

つぼ汁の「つぼ」はたにしです。昔はつぼをとるのは子どもの仕事で、3月中旬の田んぼで穴があいたところを棒や指で掘り、コツンと手応えがあればそれがつぼで、掘り出して集めたそうです。水に2～3日つけて泥を吐かせ、つぼ汁にしました。つぼはくせがあるので味噌汁仕立てがいいのだそうです。今はつぼが手に入らないので、あさり、はまぐりなどの貝で代用されることが多いです。

膳は奥が尾頭つきの魚の干物（開き、生）、中左からあさりとわけぎの酢味噌和え、あられ、からすみ、手前左からあさりの炊きこみご飯、つぼ汁（たにしの味噌汁）。わけぎの箸を添える

撮影／長野陽一

〈徳島県〉ひな祭り

遊山箱《ゆさんばこ》

徳島市周辺や県南部では、桃の節句（月遅れの4月3日）になると、女の子も男の子も三段重ねの手提げの小箱「遊山箱」にごちそうを詰めてもらい、遊山に出かけます。

中に詰める料理は、巻きずしにいなりずし、ゆで卵に卵焼き、色つきの寒天やようかん、ういろう、煮しめが定番です。行き先は桜の咲く土手や公園、磯や浜、山や川などさまざま。上勝町では各家にひな飾りがあったので、友達の家に行き、おひな様の前で遊山箱を広げて食べることもありました。独特の遊山文化は、大正時代に船大工が端材で遊山箱をつくって子どもに持たせたのがはじまりで、次第に徳島市内や南部に普及していったといわれています。

遊山箱は小さいので、食べてなくなると自分の家や遊び先の家で詰め直してもらい、再度遊びに出かけることもありました。遊山箱を持って友達と一緒に出かけるのはそれだけで楽しく、外で食べるおかずは格別の味でした。

協力＝新居和、北山明子、加々美清美、北谷周子　著作委員＝長尾久美子、近藤美樹

煮しめ

＜材料＞ 4人分

里芋…中4個（160g）
ごぼう…1/2本（150g）
こんにゃく…半丁（100g）
椎茸…中4枚（60g）
にんじん…1/2本（80g）
うす口醤油…小さじ2（12g）
中ざら糖…大さじ1弱（13g）
煮干し…8尾
かつお節…5g
水…1と1/2カップ

＜つくり方＞

1 里芋は皮をむいて適当な大きさに切り、塩もみしてヌメリをとってからゆでる。
2 ごぼうは皮をむき、斜め切りにして水にさらし、アクを除いてゆでる。
3 こんにゃくは下ゆでしてから、食べやすい大きさに切る。椎茸、にんじんは食べやすい大きさに切る。
4 分量の水を鍋にかけ、かつお節と煮干しでだしをとる。
5 だし汁に醤油と中ざら糖を入れ、かたい食材から順に入れて煮る。火が通り味がついたら火を止める。

巻きずし

米400g分ですし飯をつくる。高野豆腐2枚、かんぴょう12g、干し椎茸4枚、ごぼう70gはそれぞれうす口醤油、砂糖、みりん、酒などで煮る。煮上がった具、卵2個分の厚焼き卵、赤かまぼこ90gを細長く切る。のりにすし飯をおき、具をのせて巻く。

◎卵巻きは薄焼き卵を切り分けてすし飯をのせ、具を入れずに巻いてつくる。

きつねすし

米160g分ですし飯をつくる。油揚げ2枚半をだし汁1カップ、うす口醤油大さじ1弱、砂糖大さじ2弱で煮る。冷ました油揚げを袋状にし、すし飯を入れる。

寒天

水280mℓに粉寒天2gを入れて煮溶かし、砂糖大さじ2強を加えて沸騰させる。着色する場合は食紅（今回は緑）を加えて混ぜる。器に流しこんで冷めたら切り分ける。

ういろ

だんご粉1/2カップ、砂糖大さじ4と1/2、水72mℓを練り合わせ、あん100gを加えてこね、型に流して40〜50分蒸す。冷めたら型から出して切り分ける。

うずまきようかん（蒸しこなし）

1 赤あん（小豆のこしあん）300g、白こしあん300gそれぞれに、もち粉10g、上新粉10g、小麦粉20gを練り合わせる。白あん生地は3つに分け、赤・緑の食紅で着色し、白・赤・緑の3種とする。粘りが出て耳たぶのかたさになるまで練る。
2 別々に蒸し、熱いうちにボウルにとり出し、もちをつく要領でそれぞれ練り上げる（これをこなすという）。
3 打ち粉をして赤あん（3等分で3枚）、白あん（白・赤・緑各1枚）を薄く長方形または正方形にのばす。
4 生地にはけで水少々を塗って、赤あんが中側、白・赤・緑を外側になるよう重ね、くるくると巻く。切るとうず模様が現れる。

うずまきもちからようかんへ

以前、徳島の家庭では、雛の節句には3色（赤・緑・白）の菱もちをお供えしていました。その時にもちを平たくのばしてあんを塗り、くるくると巻いて食べやすく切ってつくったのがうずまきようかんの始まりといわれています。家庭ではこのうずまきもちでしたが、もちはすぐかたくなるので、菓子職人が改良し、うずまきようかんとして販売するようになりました。

撮影 / 長野陽一

〈広島県〉

花見弁当

県内の多くの地域では4月3日は学校が休みで、近くの山に花見に行きました。子どもたちは赤と緑のようかんが入った弁当と、シナモンの香りがするカラフルなニッキ水を持って出かけます。聞き書きをした広島市南区の家庭では毎年、家族で近くの黄金山《おうごんざん》に登りました。黄金山近辺は江戸時代に、広島湾に浮かぶ島を埋め立てて地続きにしたところで、昭和30年代はのりやかきの養殖がさかんで、近くにははす田もありました。

花見の日は朝の4、5時からたくさんのごちそうをつくり始め、10時頃には弁当とゴザを持って家を出ます。花見といえば巻きずしで、5合の米で6本巻きます。味つけは、昔は米1升に酢1合、砂糖1カップと甘めで、中に入れる厚焼《あつやき》(厚焼きかまぼこ)は、正月や花見の時期になると必ず売られるものでした。煮しめには、近所からもらったれんこんを入れました。ようかんは、透明な寒天にミカン缶を入れてつくることもあり、昔は木枠で固めました。

協力=田中節子、吉田邦子、面野敏子、角妁トモ子　著作委員=木村留美

巻きずし

＜材料＞ 6本分（1本250g）

【すし飯】

米…5合

合わせ酢

- 酢…100mℓ
- 砂糖…50g
- 塩…大さじ1

【具】

焼きアナゴ…6本

厚焼（厚焼きかまぼこ）または伊達巻き…1/2本（250g）

かんぴょう…30g（18cm長さ3本×6本分）

- だし汁（昆布とかつお節）…1カップ
- 砂糖…大さじ5
- 酒、みりん…各大さじ1
- うす口醤油…大さじ4

ごぼう…1本

にんじん…1本

せりまたはほうれん草…2束

焼きのり…6枚

＜つくり方＞

1 米を炊き、すし飯をつくる。合わせ酢は大さじ1程度を残しておく。

2 かんぴょうは塩小さじ1（分量外）でもみ、水で洗ってさらし、水からゆでる。水をきり、だし汁と調味料で煮る。

3 ごぼうはのりの長さに合わせて切り、0.7cm角にして下ゆでする。にんじんも同じ長さと太さに切りゆでる。せりは色よくゆで、すしの本数分に分ける。

4 2の残った煮汁で1.5cm角に切った厚焼を煮てとり出す。ここに砂糖大さじ1（分量外）を加えてごぼうを煮る。

5 とっておいた合わせ酢をのりの上部3cmにつけ、その部分をあけてどんぶり1杯分のすし飯を広げる。焼きアナゴ、厚焼、ねじったかんぴょう、せり、ごぼう2本、にんじんをのせて巻く。

たいていの家庭では重箱に詰めていたが、取っ手のついた木枠におちょこや徳利、銘々皿などを入れた弁当箱を目にすることもあった

煮しめ

ごぼう1本は5cm程度の長さに切り、半割りにする。れんこん1/2本（150g）とにんじん1本（150g）は輪切り、こんにゃく1枚は手綱こんにゃくにし、あらいも（里芋）200gは半分に切る。干し椎茸5枚は戻して半分に切る。さや豆（さやえんどう）以外の材料を鍋に入れ、だし汁をひたひたに加え、調味料（砂糖、酒、みりん各大さじ3、醤油大さじ4）を加えて煮る。だしをとった昆布も切って一緒に煮る。最後に塩ゆでのさや豆を添える。6人分。

厚焼き卵

卵5個、砂糖大さじ2、醤油小さじ1/2、塩小さじ1/4、酒大さじ1、だし汁（昆布とかつお節）大さじ5を混ぜ合わせて焼き、巻きすに巻く。6人分。

赤・緑のようかん

棒寒天（赤・緑）各1本はさっと洗って水500mℓにつける。煮溶かし、砂糖130gとニッキエッセンス3ふり程度を加えて固める。砂糖、ニッキエッセンスの代わりにニッキのあめ玉140〜165gを煮溶かしてもよい。寒天は洗いすぎると色が落ちる。14×12×4.5cmの流し缶1個分。

手前左が巻きずし、右が煮しめと紅白かまぼこ、奥左は赤・緑のようかんと木の葉切りのりんご、ネーブル、右は厚焼き卵、さわらの塩焼き、金時豆の煮豆。左側の黄色と緑色の飲みものがニッキ水

撮影／高木あつ子

重箱料理

〈沖縄県〉清明祭《せいめいさい》（シーミー）

清明祭は、中国から伝来した祖先供養の行事といわれ、旧暦の3月上旬、二十四節気の一つ清明の頃盛大に行なわれます。墓前に親族や一族が集まり、重箱料理や果物などをお供えし共食します。聞き書きした那覇市の家庭では、本家が重箱料理をつくり、1970年代にはいとこやその子どもまで30名ほどが集まったそうです。好みの料理を持ち寄る春のピクニックのような行事で、親族の親睦の場にもなりました。

清明祭の重箱料理は、もちとごちそうを詰めた重箱を対とし、おかずは、揚げ物と煮物、かまぼこなどがあります。地域・家庭により異なりますが、揚げ物は、揚げ豆腐、魚てんぷら、田芋のから揚げなどで、煮物は最初に豚肉を煮て、肉の旨みが出た煮汁を使い、昆布やごぼう、大根を次々に煮しめていきます。合理的で無駄のない調理法といえるでしょう。

近年は、重箱料理を購入する家庭もありますが、祖先を大切にする県民性は受け継がれています。

協力＝森山尚子
著作委員＝森山克子、田原美和

左の重箱はもち粉でつくった白もち。右の重箱は手前左から揚げ豆腐、豚三枚肉、大根、中左からこんにゃく、赤かまぼこ、ごぼう、奥左から魚のてんぷら、結び昆布、カステラかまぼこ

豚三枚肉

＜材料＞７寸の重箱１段分
（以下の料理も同じ）

豚三枚肉（皮つき・ブロック）
…600g
豚だし汁（豚のゆで汁）…1カップ
だし汁（かつお節）…1カップ
砂糖…1カップ
醤油…1カップ
泡盛…1/2カップ

＜つくり方＞

1 豚三枚肉は丸ごと強火でゆでる。
2 一度ゆでこぼして水を加え、中火からやや弱火でアクをとりながら40〜50分ゆでたら火を止める。肉を入れたままゆで汁が冷めるまでおくと肉がやわらかくなる。
3 冷めた肉をとり出し幅7.5㎝、厚さ7㎜に切る。ゆで汁はとっておく（豚だし汁）。
4 3の豚だし汁にだし汁と調味料を加え、切った肉を加えてさらにやわらかくなるまで、40〜50分煮こむ。
5 やわらかくなったら火を止めて、肉をとり出す。煮汁の残った鍋は以下の煮物で使う。

結び昆布

昆布（煮物用棹前昆布）2本200gはさっと洗って戻し三つ折りにして、三角の美しい結び昆布をつくる（写真①、②）。肉をとり出した煮汁にだし汁（かつお節）1〜2カップ（分量外）を足して昆布がやわらかくなるまで30〜40分ほど煮て、昆布をとり出す。

ごぼう

ごぼう400gは皮をこそげ7.5㎝の長さに切り、縦2つ割りにし、水につけてアク抜きをする。少しかために下ゆでしたら、昆布をとり出した煮汁に入れる。だし汁（かつお節）1カップ（分量外）を足して、やわらかくなるまで30分ほど煮たらとり出す。

大根

大根500gは7.5㎝長さ、2.5㎝角に切りかために下ゆでする。ごぼうの煮汁にだし汁（かつお節）1カップ（分量外）を足して、大根を入れやわらかくなるまで煮たらとり出す。

こんにゃく

こんにゃく450gは熱湯でさっとゆでる。幅7.5㎝、厚さ7㎜に切り、中央に切れ目を入れて、ねじりこんにゃくにする。大根の煮汁で煮て、味を含ませる。

魚のてんぷら

カジキなどの白身魚200gは、1.5㎝角の7㎝長さに切り、塩をする。卵1個、小麦粉1/2カップ、水大さじ2、塩小さじ1/2を合わせてぼってりした厚衣をつくる。魚の水けをとり、小麦粉をまぶし、衣をたっぷりつけて揚げる（写真③、④）。両端を切りそろえて盛りつける。

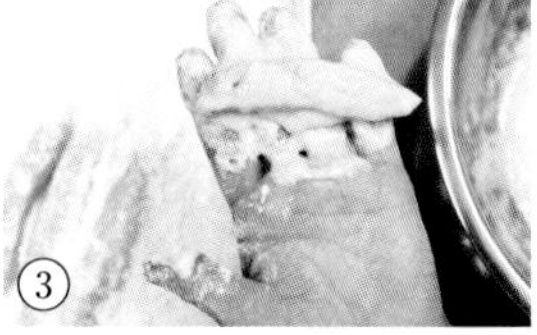

揚げ豆腐

島豆腐*500gは幅7.5㎝、厚さ2㎝に切り、塩をふってしばらくおき、水けをとる。高温に熱した油でカラリと揚げる。

*他県の一般的な豆腐よりかたく、塩分を含んでいる。

カステラかまぼこ・赤かまぼこ

幅7.5㎝、厚さ1㎝に切る。

◎重箱に詰めるときに、料理の高さが合わない場合は、大根や豆腐を下に敷いてそろえると美しく仕上がる。

撮影／長野陽一

〈香川県〉肥《ひ》土《と》山《やま》農村歌舞伎

わりご弁当

　小豆島の土庄《とのしょう》町《ちょう》では5月に肥土山農村歌舞伎、小豆島町の中山地区では10月に中山農村歌舞伎が行なわれ、また池田地区の亀山八幡の秋祭りでは太鼓が奉納されます。この歌舞伎や祭りの見物の際に食べられているのがわりご弁当です。

　小豆島は昔から歌舞伎がさかんで、かつて島内に30もの舞台があったといわれています。肥土山歌舞伎は、島の中西部にある離宮八幡神社の舞台で行なわれています。これは江戸時代に灌漑《かんがい》用のため池の完成を祝って始まったそうです。

　わりごとは仕切りのある小さな木の弁当箱です。おかもちのような大きな箱の中に棚がついていて、その中に小分けになった弁当箱を収納します。40人前も入る大きなものから10人前用の小ぶりなものまであります。弁当箱には酢と塩でにぎったご飯を型に詰めてついたつき飯に、季節の素材を使った煮しめや卵焼きなどを入れます。最近は家で使っていないわりごを保存する会もあります。

協力＝佐々木輝子、余島智子
著作委員＝加藤みゆき

撮影／高木あつ子

<材料> 20人分

ご飯…10合分
黒ごま…適量
【煮しめ】
ごぼう…300g
　醤油、みりん…各大さじ1と1/3
　だし汁…1カップ
こんにゃく…300g
　醤油、みりん…各大さじ2
　だし汁…1と1/2カップ
れんこん…200g
　醤油、みりん…各大さじ1と1/3
　だし汁…2カップ
たけのこの水煮…240g
　醤油、みりん…各大さじ2
　だし汁…2カップ
ちくわ…5本（100g）
　醤油、みりん…各小さじ2
　だし汁…1カップ
かまぼこ…200g
　醤油、みりん…各小さじ2
　だし汁…1カップ
鶏のから揚げ…20gを20個
厚焼き卵…卵10個分（20等分）
塩ゆでのそら豆…20粒
いちご…20個

<つくり方>

1 ごぼうは大きな斜め切りにして水に浸しアクを出し、下ゆでする。
2 こんにゃくはゆでて短冊に切り、ねじりこんにゃくにする。
3 れんこんは厚さ7㎜に切り酢水（分量外）につける。
4 たけのことちくわは斜め切り、かまぼこは厚さ7㎜に切る。
5 1～5をそれぞれだし汁と調味料で煮含める。
6 酢と塩を混ぜたもの（分量外）を手につけてご飯を型に入る大きさににぎり、専用の型に入れて軽くつく。
7 わりご弁当箱にご飯（黒ごまをふる）、煮しめ、鶏のから揚げ、厚焼き卵、そら豆を盛りつける。最後にいちごを飾る。

ご飯をついて抜く型

〈和歌山県〉端午の節句

柏もち

県内で端午の節句に広く食べられてきたハレの日のおやつで、えべつもちと呼ぶ地域もあります。柏の葉ではなく、サンキライ（サルトリイバラ）の葉を使います。

多くの家庭では小豆あんですが、県北部の和海《わかい》地方のそら豆を栽培している家ではそら豆あんを包みました。小豆あんに比べてさらさらとしていて舌ざわりや香りがよく、やさしい味わいです。完熟した乾燥そら豆を使って砂糖を多めに入れると見た目は小豆あんとほとんど変わらないようになります。

そら豆は稲刈り後の田んぼに植え、田植え前の5月頃に収穫します。出荷分や食べるための青豆を除いた残りのそら豆は、翌年の種用や保存のために、さやのままむしろの上で天日干しにします。できるだけさやに豆の数が多いものを選んで干し、さやを除いて保存しました。乾燥そら豆はフライパンでよく炒り、炭酸（重曹）を入れて煮ると小豆のようなきれいな色になります。これをザルでこして、こしあんにし、柏もちだけでなく、ぼたもちにも使いました。

協力＝寺中佐知子　著作委員＝橘ゆかり

＜材料＞ 8個分

上新粉…70g
もち粉…30g
砂糖…40g
熱湯…100mℓ
そら豆あん…160g（小豆あんでもよい）
サンキライ（サルトリイバラ）の葉…８枚
手粉（かたくり粉）…適量

乾燥そら豆。さやのまま天日で干し、さやをとり除いて保存する

＜つくり方＞

1 ボウルに上新粉、もち粉、砂糖を入れ、熱湯を加えながら箸でかき混ぜ、なめらかになるまで手でよくこねる。
2 手粉をつけ、1のもち生地を8等分して丸める。そら豆あんも8等分して丸める。
3 もち生地であんを包んで丸め、サンキライの葉2枚ではさむ。つるつるした表面をもちにつける。
4 蒸し器に並べ強火で10分蒸す。
5 蒸し器を火から下ろし、うちわでもちをあおぎ、ぬれ布巾の上に出す。

◎5月中旬以降は葉がかたくなるので包んでから蒸すが、若い葉の場合はもちだけを蒸す。若い葉は色が変わりやすいので、もちが冷めてからはさむ。
◎そら豆あんのつくり方：乾燥そら豆30〜35gをフライパンでよく炒る。鍋に豆の約1.5倍量の湯と重曹小さじ1、炒ったそら豆を入れ、指でつぶせるかたさになるまで弱火で1時間ほど煮る。あんの色が薄い場合は重曹を足す。やわらかく煮えたそら豆をザルに入れ、すりこぎや玉杓子の背でつぶしてこす。適宜水を注ぎながらこし、ザルに残った豆の皮はとり除く。こしたあんをさらし布で包み水けをよくしぼったものが、生そら豆あん（乾燥そら豆の約3倍になる）。鍋に生そら豆あん100gと砂糖60g、酒小さじ1、塩少々を入れ、弱火でつやが出るように練り上げる。

撮影／高木あつ子

〈山形県〉酒田まつり

醤油寒天

醤油寒天は、庄内地方の酒田市、鶴岡市で5月に行なわれる祭りのごっつぉ（ごちそう）のひとつです。煮溶かした寒天にたっぷりの砂糖と醤油を加え、卵を入れて固めたもので、昭和初期生まれの人は「寒天というとすべて醤油寒天をさすものと思っていた」というほどなじみがあります。現在はスーパーなどでも常時販売され、普段でも食べられるようになりました。

写真のように卵を固ゆでにして入れるか生卵を入れるかは家庭によって違います。ゆで卵になじみのある人にとっては「生卵の醤油寒天は生臭く感じる」、生卵を入れる家庭では「生卵の方が簡単で、やわらかくておいしい」といい、どちらでもよいという人は少ないです。

一方、酒田市の沖にある飛島《とびしま》では生卵を入れる醤油寒天は弔事に使われ、慶事には食紅で染めたピンクの寒天に固ゆで卵を入れます。三つの地域に分かれる飛島では同じ料理でも少しずつ異なる場合が多いですが、醤油寒天はほとんど同じだそうです。

協力＝佐藤環、渡部洋子、平尾静子
著作委員＝平尾和子

撮影／長野陽一

<材料> 13.5×19×3.5cmの流し箱1個分

棒寒天…1本
水…3カップ
砂糖…80〜100ｇ
醤油…大さじ1
卵…1個

<つくり方>

1. 寒天を水に15分以上つけてからしぼり、細かくちぎる。鍋に寒天と分量の水を加え、30分ほどおく。
2. 卵を固ゆでにし、縦半分に切って白身と黄身を分ける。白身は薄く切り、黄身は細かいみじん切りにする。
3. 1の鍋を火にかけアクをとりながら煮る。寒天が煮溶けたら砂糖を入れ、さらに5分ほど中弱火で煮て、火を止める直前に醤油を入れる。
4. 水を通した型に**3**を全量注ぎ入れ、上から白身、黄身の順にふり入れて固める。卵は重さで一度沈むが、浮き上がる。
5. 型から出し、好みの大きさに切る。

◎白身はできるだけ薄く切るときれいに浮く。

◎生卵でつくるときはカラザを除いて溶き、寒天液を型に注ぎ少し冷ましたところに溶き卵を入れ、均一になるようにかき混ぜると、にごりのない醤油寒天になる。

生の溶き卵でつくる醤油寒天。県南部の米沢市では卵寒天と呼ばれている

撮影／高木あつ子

＜材料＞ つくりやすい分量

うるち米…2カップ
もち米…1カップ
水…4カップ（浸水後の米と同容量）
ゆで大豆…180g
塩…小さじ1
油…大さじ1

＜つくり方＞

1 うるち米ともち米は合わせてとぎ、たっぷりの水（分量外）に1時間つける。ザルにあげて水けをきる。
2 フライパンに油を熱し、ゆで大豆を炒り、軽く焦げ色がついたら皮をとり除く。
3 炊飯器に米、大豆、水、塩を加えて炊く。
4 蒸らしてからよく混ぜる。

◎大豆を炒ったあと、醤油大さじ2を回し入れて色と味をつけてもよい。

〈山梨県〉田植え節句

やこめ

南アルプス市を含む甲府盆地全体で、6月11日の田植え節句につくられてきた行事食です。うるち米ともち米に大豆を加えて炊いたご飯で、豊かな実りを田の神に祈願します。軽く大きめににぎり、竹の皮やふきの葉などの上にのせ、田の水口《みなくち》（取水口）に供えます。米に大豆を加えるのは、米が貴重なので増量するため、大豆は収穫しやすく栄養があるためと考えられます。その原型は、苗代にまく種もみを少し残し、もみ殻をとってから炒り、お供えしていた「焼米《やこめ》」といわれています。

大豆は焦げ色がつく程度に炒り、皮をとり除きます。炒った大豆の香ばしい風味が特徴のご飯です。現在では、農家も各家庭の都合で田植えをするようになり、田植え節句はほとんど行なわれていませんが、やこめは友達の集まりや家族の楽しみとして時季を問わずつくられており、商店でも売っています。また、にんじん、椎茸、三つ葉なども加えて、彩りよく仕上げる「五目やこめ」もあります。

協力＝沢登すみ子、沢登京子、斎藤秋江
著作委員＝柘植光代

〈長野県〉
お田植えの煮物

田植えではいろいろな地域で似たような煮物が食べられていますが、飯山地方の煮物に欠かせないのは凍《し》み大根。凍み大根は寒さの厳しい地域で生活する人々の知恵で生み出された保存食です。凍み大根が水分をよく吸うことから、田んぼにたっぷり水が入るように、田の水に不自由しないようにという願いがこめられています。

この煮物を重箱に詰めて、田植えの手伝いの人たちにふるまいました。昔は手植えなので人手が必要で、田植えが終わるまで何日も大勢の食事の用意をしなければなりませんでした。身欠きにしんと郷土の産物をたっぷり使った煮物は、何回も煮直しでき、栄養豊富なため重宝されました。野菜の少ない春先でもあり、お田植えの煮物はごちそうでした。具材を大きく切るのは、何度も料理を回さなくていいよう、一つとれば十分なようにとの心配りからですが、小さく切るよりも手間が少なく、また煮くずれしにくいのもその理由です。

協力＝木原喜美子、山田安子、袖山光代、小林貞美、池田玲子　著作委員＝高崎禎子

＜材料＞ 8人分

凍み大根（ゆで干し）…2本分
ソフト身欠きニシン（冷凍）
　…2本（160g）
水煮わらび
　…200g（または塩漬けわらび）
昆布（10cm角）…1枚
じゃがいも…400g（中3個）
にんじん…100g（1/2本）
むじなだんご*…8個
水またはだし汁…5カップ
醤油…大さじ4
塩…ひとつまみ
砂糖…大さじ4
酒…大さじ2

*つぶした大豆と小麦粉でつくっただんご。むじなはタヌキやアナグマのことを指すが、なぜこう呼ばれるかは不明。むじな豆腐とも呼ぶ。

むじなだんごのつくり方

1 乾燥大豆100gを水に浸し、かためにゆで、すり鉢で少し粒が残る程度につぶす。
2 卵1個、小麦粉80〜100g、水70mℓを加えてよく練り、20等分して、丸形または楕円形にし、真ん中を少しへこませる。

＜食べ方＞煮物の場合、生のまま煮汁に入れ5分以上煮る。焼いたり、ゆでたり、揚げてもよい。

＜つくり方＞

1 凍み大根は前日から水につけて戻す。大根が一本干しのときは、輪切りにしてから水につける。
2 戻した大根はひと口大に切り、さっとゆでてアクを抜く。水からあげたあとは、かたくしぼらない。水けをある程度含んだまま煮る。
3 解凍した身欠きニシンを2〜3cm長さに切る。わらびは5cm長さ、昆布は水で戻し2〜3cm角に切る。
4 じゃがいもは皮をむきひと口大、にんじんは皮つきのまま、大きめの乱切りにする。
5 大鍋に水またはだし汁を加え、むじなだんごを入れ、火が通るまで5分以上煮たあと、わらびと調味料以外の材料を入れて強火で煮こむ。
6 凍み大根がやわらかくなったら調味料を加え、沸騰したら中火にして煮しめる。
7 わらびは煮すぎると溶けてしまうので最後に入れ、ひと煮立ちさせ、味を調えて火を止める。

◎塩漬けわらびの場合は、前日から塩出しをする。

◎凍み大根は味がしみやすいので、薄味で煮しめる。

皮をむいた大根を短冊切りし、ゆでてから寒さが厳しいときに軒下に干す

干し上がった凍み大根

切らずにそのままゆでて干す、一本干しの凍み大根

一本干しの凍み大根を輪切りにしてつくったお田植えの煮物。凍み大根がたっぷりの煮汁を吸う

撮影／高木あつ子

〈熊本県〉さなぼり

みょうがまんじゅう

県南の宇城《うき》市小川町周辺では、「さなぼり（さなぶり）」や夏祭り、お盆にみょうがの葉で包んだまんじゅうをつくります。さなぼりは、農作業を見守っていた田の神様が田の植えつけがすんで帰るのを見送る祭りのこと。この日はお神酒《みき》をあげ、みょうがまんじゅうやぼたもち、野菜や山菜の煮しめ、魚料理などのごちそうを食べて田植えの疲れを癒しました。

まんじゅうというと小麦粉の生地が多いですが、ここでは白玉粉と小麦粉の生地であんを包みます。米どころの八代平野に隣接し、澄んだ地下水が豊富に湧き出る小川町は、古くから白玉粉の製造がさかんな地域です。普段は高級なのでなかなか使えませんが、みょうがまんじゅうをつくるときは買いました。白玉粉の入ったまんじゅうはもちもちとした食感。みょうがの葉で包むことで手でも食べやすく、葉っぱのさわやかな香りや色が楽しめます。聞き書きした家庭では、今も季節になるとあんこから手づくりしているそうです。

協力＝田中ヒロ子　著作委員＝柴田文

撮影／戸倉江里

<材料> 10個分

白玉粉…100g
小麦粉…50g
塩…小さじ1/4（1.5g）
水…120mℓ
こしあん…250g
かたくり粉…適量
みょうがの葉…10枚

<つくり方>

1. みょうがの葉は洗い、水けをきっておく。
2. こしあんは、10個に丸めておく。
3. 白玉粉、小麦粉、塩を合わせ、分量の水を100mℓほど入れて混ぜ、耳たぶくらいのかたさになるよう適宜水を足す。生地をまとめて10等分する。
4. 3の生地を丸めてから手で押して平たくのばし、中に2のあんを入れて包む。
5. 4のまんじゅうに薄くかたくり粉をまぶし、みょうがの葉の裏側の端（葉の先）に置く。まんじゅうが見えなくなるように葉で包む。
6. 蒸気の上がった蒸し器に入れて、8分程度蒸す。
7. 蒸し器からまんじゅうをとり出して、皿に移す。すぐにうちわなどでしばらくあおいで冷ます。こうすることで葉の色があせない。

◎白玉粉のみでつくるとまんじゅうが葉にくっついてとれなくなるが、小麦粉を入れることでとりやすくなる。

◎現在はつぶあんをつくってまんじゅうに入れることが多いが、以前は時間をかけてこしあんをつくって使っていた。

撮影／長野陽一

＜材料＞20個分

- 乾燥米麹…25g
- すの素*…大さじ1
- 冷やご飯…30g
- ぬるま湯…適量
- もち米…1/2合
- 水…500mℓ
- 乾燥米麹…50g
- ぬるま湯…300mℓ
- 小麦粉…500g
- 砂糖…20g
- 小豆あん…500g

*もち米のかゆと乾燥米麹でつくった甘酒をこし、残ったおりを乾燥させたもの。

＜つくり方＞

1. 米麹とすの素と冷やご飯を容器に入れ、かぶるくらいのぬるま湯につけ、一晩おく（発酵液）。
2. もち米と水でかゆを炊く。人肌に冷めたらボウルに移して1の発酵液と米麹、ぬるま湯を加えてよく混ぜる。ぬれ布巾をかけて25℃以上の室温に1〜2時間おくと、発酵してくる。
3. ブツブツと泡立ってきたらザルでこす（発酵溶液）。こしたあと、ザルに残ったおりを「すの素」とするため、乾燥させて保存する。
4. 小麦粉と砂糖と3の発酵溶液300g（粉の50〜60％重量）を合わせて耳たぶのかたさにこね、20等分する。
5. あんを20個に分けて丸め、4の生地でくるむ。
6. かたくしぼったぬれ布巾をかけて室温に1時間ほどおいて生地を発酵させる。
7. 蒸し器で10〜15分蒸す。

〈埼玉県〉甘酒祭り

すまんじゅう

県北西部の秩父地方は、盆地特有の寒暖差が大きい気候で、夏はかなり暑くなります。この夏の高温を利用した発酵による甘酒やすまんじゅうが昔から各家庭でつくられ、甘酒は夏バテ予防によく飲まれていました。今も秩父では夏に甘酒祭りが行なわれていますが、この甘酒からすまんじゅうをつくり、みんなで食べていたそうです。

甘酒は残った米飯を無駄にせず利用するという昔からの食の営みで生まれる、滋養のある飲み物としてとらえられています。夏は、甘味の中にやや発酵が進んでほのかな「酸味」も出てきます。そのやや酸味を感じる甘酒、「すの素」ですまんじゅうをつくります。まんじゅうの皮は、「すの素」の酵母を利用して発酵させることでふくらませます。皮はやや厚めで、存在感があります。現在は、家庭でつくることが少なくなっていますが、これは材料を少量にするとつくりにくいことも要因です。

協力＝黒沢有恭、田島いと
著作委員＝名倉秀子

〈北海道〉

札幌まつりの料理

札幌まつりは明治のはじめから続く北海道神宮例祭のことで、毎年6月14日から16日に行なわれます。本格的な初夏の訪れを告げる行事でもあり、札幌市民最大の祭りとして親しまれてきました。

北海道神宮のお参り、山車《だし》の見物、中島公園の露店と楽しみが多い祭りですが、15日の例祭の日に家族で食べるごちそうもうれしいものでした。昔はどこの家庭でも鮭の時しらず、二十日大根、ふきなど、ちょうど旬を迎える食材を使って祝いました。

時しらずは春から初夏にかけて漁獲される鮭で、身がやわらかく脂がのっており、塩焼きや焼きびたし、煮つけなどにします。二十日大根はごく薄切りにして甘酢に漬けると紅白から桃色に変わり、その色彩が献立に華やかさを添えます。お煮しめはふきやたけのこなど旬の食材をとり入れ、普段よりも具だくさんにしました。刺身はソイやヒラメなどの白身魚で、赤飯は小豆でつくる家庭と甘納豆でつくる家庭がありました。

協力＝山塙圭子
著作委員＝菅原久美子、土屋律子

お煮しめ

<材料> 4人分

笹竹*…4本
水煮ふき…20cm長さ8本（180g）
にんじん…中1/3本（60g）
こんにゃく…1/2枚（70g）
焼きちくわ…2本
がんもどき（小）…4個
わらび（アク抜きしたもの）…4本
かんぴょう…適量
昆布…20cm
みりん、醤油…各大さじ1
砂糖…小さじ2
塩…小さじ1/2
だし汁（煮干しと昆布）…1カップ

*チシマザサのたけのこ。他県では根曲がり竹、姫竹とも呼ばれる。

<つくり方>

1 笹竹はゆでて皮をむく。ふきは5cm長さ、にんじんは1cm厚さの斜め切りにする。こんにゃくは手綱結び、ちくわは斜め切りにする。
2 がんもどきはさっとゆでて油抜きをする。わらびは5cm長さに切り、戻したかんぴょうで結ぶ。昆布はさっと湿らせてから縦に切り、結び昆布にする。
3 火の通りが遅いにんじん、こんにゃく、がんもどきをだし汁で煮る。
4 調味料を加え、残りの材料を加えてゆっくりと煮含める。

二十日大根の甘酢漬け

<材料> 4人分

二十日大根（ラディッシュ）…6個
塩…少々
甘酢
- 砂糖…小さじ1
- 酢…大さじ1
- だし汁…小さじ1

<つくり方>

1 二十日大根は縦に薄切りにする。
2 塩をふり軽く混ぜ、しんなりしたら軽くしぼる。
3 甘酢をつくり、その中に漬けこむ。

時しらずの焼きびたし

<材料> 4人分

時しらず*（生）…4切れ
酒、みりん…各大さじ1
醤油…大さじ2

*春から初夏にかけてとれるサケ。秋ザケより身がやわらかい。

<つくり方>

1 時しらずの切身は、両面をこんがり焼く。
2 保存容器に酒、みりん、醤油を入れ、焼いた魚が熱いうちに浸す。ときどき裏返して両面にしみるようにする。
3 粗熱がとれたら冷蔵庫に保存する。一晩ねかせると味がよくしみる。1週間程度保存できる。

手前左下から時計回りに、赤飯、お煮しめ、ソイの刺身、時しらずの焼きびたし、豆腐の吸いもの。真ん中が二十日大根の甘酢漬け

撮影／高木あつ子

〈大阪府〉

たこ酢と半夏生《はんげしょう》だんご

半夏生とは七十二候からつくられた雑節《ざっせつ》で、毎年7月2日頃。麦のとり入れ、田植え、1回目の田の草とりなど、一年の農作業の半分が無事終了したのを祝い、中河内ではたことだんごを食べます。地域によっては、さばの棒ずしやぼたもち、干しずいきの巻きずしなども食べられました。

たこは吸盤のように、苗が土に吸いつき豊作になることを願って食べます。この時期のたこは「麦わらだこ」といってとても味がよいのです。

半夏生だんご（小麦もち）は、もち米に皮つきのままつぶした小麦を加えてつくことで歯切れがよく、かたくなりにくくやわらかさが保たれます。ついただんごは、こね鉢や壷に入れてぬれ布巾をかぶせておいたそうです。呼び方は、さなぶりもち、あかねこもち（小麦の皮の茶色からという説と、猫が寝ているように見えるからという説がある）、ぶしだんご（小麦の皮などの口当たりが〝ぶしぶし〟する）、よしんぼ（細長くのばしたものの意）などいろいろあります。

協力＝森川雅恵
著作委員＝澤田参子、東根裕子

たこ酢

<材料> 4人分

きゅうり…2本
ゆでダコ…100g
乾燥わかめ（カット）…4g
砂糖…大さじ1
うす口醤油…小さじ1
酢…大さじ3

<つくり方>

1 きゅうりは小口切りして、さっと塩もみし、水洗いをする。
2 わかめは水で戻す。
3 タコはひと口大に切る。
4 ボウルに調味料を混ぜ合わせる。
5 水けをきったきゅうり、しぼったわかめ、タコを4に入れよく混ぜる。

半夏生だんご

<材料> 4人分

もち米…1と1/2カップ
つぶし小麦*…1と1/2カップ
きな粉…30g
砂糖…20g
塩…少々

*小麦を皮つき（玄麦）の状態で押しつぶしたもの。

つぶし小麦

<つくり方>

1 もち米は洗い、2時間ほど水につけた後、水をきる。
2 つぶし小麦はさっと洗い、2時間ほど水につけザルにあげておく。
3 もち米の上につぶし小麦をのせて、やわらかくなるまで40分から1時間ほど蒸す。
4 蒸し上がったらすり鉢に移してまんべんなく混ざるようにつく（写真①、②）。
5 だんごを丸め、砂糖、塩を加えたきな粉にまぶす。

◎昭和40年以降は、小麦粉と炊飯器でつくる方法も広まった。水につけたもち米を炊飯器のおこわモードで炊きはじめ、湯気が出てきたら小麦粉を練った（溶いた）ものをもち米の上にのせる。炊き上がったらすり鉢に移し、まんべんなく混ざるようにつく。割合は、もち米1.5カップに対して小麦粉100g＋水50〜80mℓ。

たこ酢

半夏生だんご

撮影／高木あつ子

かすべ
〈秋田県〉港まつり

7月20、21日の港まつり（土崎神《つちざきしん》明社祭《めいしゃさい》の曳山《ひきやま》行事）の時期につくられる、乾物のえい（かすべ）の甘辛い煮つけです。秋田市土崎地区は古くは北前船の寄港地で、活気のある港町。祭りの日にはかすべが赤飯とともに供されるので、かすべ祭りの別名もあります。外食の味ではなく、家の味、母の味です。

以前は、ぶらさがっている大きな干しかすべを、商店で選んで切ってもらったそうですが、現在では、スーパーマーケットでカットされた乾物を入手することができます。かたく乾燥しているものを弱火でじっくり加熱しますが、かたいと食べにくく、煮すぎても軟骨の部分がバラバラになってしまいます。

臭みをとるためにゆでこぼしたり、圧力鍋を使ってふっくらさせたりと各家庭の工夫があります。薄いヒレの部分が好みだったり、厚い身の部分が好みだったりする家族の顔を思い浮かべながら、料理自慢の主婦は、祭りのために帰省するみんなに食べさせたいと願ってつくります。

協力＝三沢多佳子、鈴木典子、小林輝子
著作委員＝駒場千佳子

撮影／高木あつ子

＜材料＞4人分

干しかすべ…200g
ほうじ茶…1ℓ
酒…1/2カップ
水…2カップ（ひたひたより少し多めになる程度）
黒砂糖またはザラメ…40g
醤油…大さじ3
みりん…大さじ1
しょうが…適量

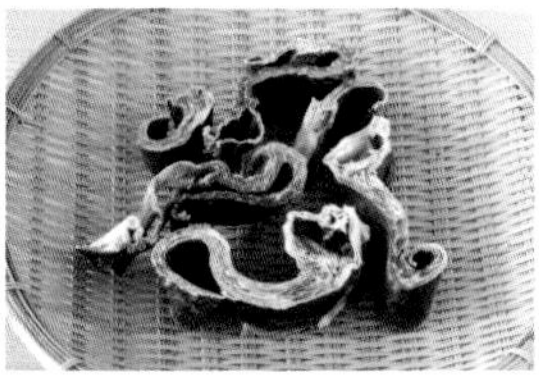

切って売られている干しかすべ

＜つくり方＞

1 干しかすべはたっぷりの水に浸し、ときどき水を替えながら一昼夜戻し、食べやすい大きさに切る。
2 ほうじ茶を煮立てたところにかすべを入れ、ゆでこぼす。
3 鍋に酒とかすべを入れ、水を注ぎ、落とし蓋をして十分にやわらかくなるまで弱火で煮る。
4 黒砂糖と醤油をそれぞれ1/3程度を残して入れ、弱火で煮含める。
5 最後に残りの黒砂糖と醤油、みりんを入れて味を調える。
6 器に盛りつけ、針しょうがをのせる。

◎かすべが煮くずれないように弱火で煮る。加熱時間は全体で40分〜1時間。

〈福島県〉会津田島祇園祭

棒たら煮

たらの干物を3日間水で戻し、ザラメ、醤油、酒でやわらかくなるまで長時間煮た料理で、南会津町田島で古くから正月や祭りのごちそうとしてつくられてきました。とくに7月下旬に開催されている会津田島祇園祭は800年以上の歴史がある一大行事。祭りの数日前から棒たら煮やにしんの山椒漬け、干し貝柱と煮干しのだしで里いも、にんじん、つと豆腐、きくらげを入れた「つゆじ」などを準備し、宵祭の夕食で親戚や知人にふるまいました。

よそから嫁いできた人は、当初、祭の前に魚屋に並んだ棒たらを見て「あんなかちかちの魚をどうすんだべ」と思ったそうですが、姑さんがつくった棒たら煮は噛めば噛むほどたらのうま味が口の中いっぱいに広がり、それはそれはおいしい「ごっつぉ」だったそうです。海から遠く離れたこの地域では、新鮮な魚介類の入手が難しく、棒たら、干し貝柱、するめ、身欠きにしんなどの乾物を使った独特の食文化が息づいています。

協力＝荒川美和子　著作委員＝加藤雅子

撮影／長野陽一

<材料> 12〜13人分

棒たら…半身（500〜600g）
ザラメ…1カップ
醤油…2/3カップ
酒…1カップ
水あめ…1/2カップ

<つくり方>

1 半身の棒たらを押し切り包丁などで12〜13等分に切る*。
2 棒たらをたっぷりの水に3日間つけて戻す。つけていると泡が出たり濁ったりするため、毎日新しい水にとり替える。
3 身がやわらかく戻ったら、腹部の黒い薄皮を水洗いしながらとり除く。
4 鍋に棒たらとひたひたの水を入れ、弱火でじっくり4〜5時間水煮する。棒たらの弾力を指で確認しながら煮る。汁が1/3程度になる頃が目安で、指で押したときに棒たらがゆっくり戻ってくるくらいの弾力になっていたら火を止めて冷ます。
5 ザラメと醤油、酒をそれぞれ1/3量入れて落とし蓋をし、とろ火で煮る。味が濃くなりすぎていないか、ときどき味を確かめる。3時間ほど煮たら火を止めて冷ます。
6 5の工程をさらに2回繰り返す。煮汁が足りなくなったときは水を足す。一度に調味料を加えるとかたくなるので、3回に分けて入れるのがポイント。たらの味がわかる濃さになっていればよい。
7 最後に水あめを加えて1時間ほど弱火で煮て、照りを出す。
8 たらを器に盛り、煮汁をかける。

*棒たらはかたいので、普通の包丁ではなく押し切り包丁のようなものでないと切れない。家庭にない場合は魚屋で切ってもらうか、棒たらを水で戻してから切ることもある。

棒たら。真ダラ（本タラ）をカチカチになるまで干したもの。以前は棒たらを切るのにわらを切る農業用の押し切りを使っていた

〈大阪府〉天神祭り

鱧《はも》の湯引き

「麦わらだこに祭り鱧」といわれ、どちらも大阪の夏祭り頃が旬の食べものです。とくに鱧は天神祭りに欠かせません。雨の水を飲んだ鱧は、宵宮（7月24日）、本宮（25日）の頃が、一番おいしいとされます。湯引き、照り焼き（つけ焼き）、鱧ずし、鱧皮（焼いて刻んだ皮）ときゅうりの酢のもの、笛（浮袋）の吸いもの、などを楽しみます。

湯引きはつくり方から「鱧の落とし」ともいいます。骨切りは魚屋さんに任せ、湯引き後は、薬味と酢味噌や梅肉醤油でいただきます。見た目も涼やか、さっぱりとして食欲をそそります。淡路島の南、沼島《ぬしま》の鱧が有名で、泉州の新玉ねぎとの鱧すき鍋も名物です。白子や卵も食べ、骨も骨せんべいにと無駄にしません。

天満の天神さん（大阪天満宮）の夏祭りが有名ですが各地に天神さんがあり、天神の森天満宮でも、かつてはふとん太鼓（山車）が太鼓を響かせて住吉街道の神域をゆきかい、家族やいとこたちと見物するのが夏の楽しい行事でした。

協力＝古谷泰啓・惇子、山本善信・桂子、木下孝宏　著作委員＝阪上愛子

撮影／高木あつ子

＜材料＞ 4人分

ハモ上身（骨切り済み）…200g
きゅうり…1本
酢味噌、梅肉醤油…各適量
塩…少々
青じそ…4枚
大根…約6cm

骨切りされたハモ

＜つくり方＞

1. ハモは2〜3cmに切り分ける。
2. 鍋にたっぷりの湯を沸かし、1のハモを落として（入れて）いく。火が通り花弁が開いたようになったものから氷水にとり、すぐに布巾の上に引き上げ水けをとる。
3. きゅうりは蛇腹に切りこみを入れ、2〜3cmに切り分け、塩少々をふり軽くもみ、しぼる。
4. 大根は薄くかつらむきにし、巻いて、横に細く小口切りにする。または繊維にそって細く切る。水に放して約5分おきシャキッとさせて、けんをつくる。
5. 器に大根のけん、青じそを置き、ハモを盛り、蛇腹切りきゅうりを添える。穂じそを加えてもよい。酢味噌や梅肉醤油などで食べる。

＜材料＞ 4人分

米…3カップ（480g）
┌ サザエ…5個
└ 塩…大さじ1
にんじん…1/3本（50g）
油揚げ…20g
醤油…大さじ1と2/3
砂糖…大さじ1と2/3
だし汁（かつお節）
　…3.45カップ（690mℓ）
三つ葉または青菜…25g

＜つくり方＞

1 米を洗ってザルにあげる。
2 サザエを殻から外し、肝を除き、赤い口（写真①）と貝の蓋を切り落とす。塩もみ後に水で洗い、薄切りにする（写真②）。
3 にんじん、油揚げは細切りか小さく切り、三つ葉はざく切りにする。
4 醤油、砂糖、だし汁を煮立て、サザエを入れ弱火で3分煮て、ザルにあげる。煮汁は冷ます。
5 米ににんじん、油揚げ、4の煮汁を加えて炊く。炊き上がったら4のサザエを上にのせて蒸らす。
6 器に盛り、三つ葉またはゆでて刻んだ青菜を散らす。

◎サザエの肝の先端のうずまき状のところを一緒に使ってもよい。

撮影／長野陽一

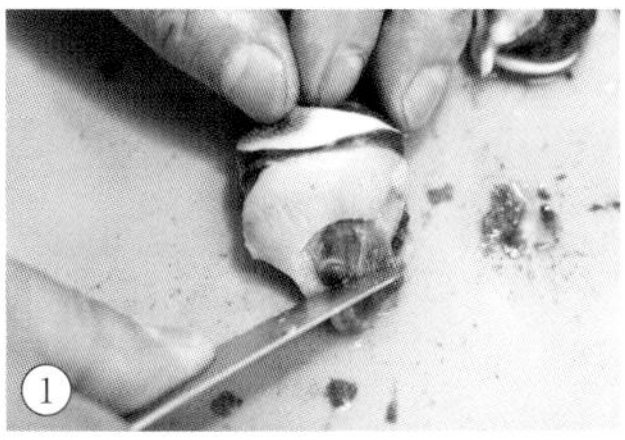

〈福岡県〉竜神祭

さざえご飯

博多湾の北部にある志賀島《しかのしま》は四季を通して海の幸に恵まれており、4月の一番潮（大潮）から8月の一番潮には男性の海士《あま》が素潜りでさざえ漁を行ないます。新鮮なさざえの炊きこみご飯はコリコリとした食感と磯の風味、貝のうま味にあふれ、祝いごとや地域の行事のときにつくられてきました。

地元でお竜神様《りょうごんさま》と呼ばれる7月の竜神祭にも欠かせません。江戸時代に大時化《おおしけ》で多くの漁師の命が失われたことから、漁の安全や大漁を祈願して集落全員で行なわれるようになった祭りで、海岸の突《とっ》先《さき》につくった祭壇にご神体の竜神の掛け軸や鏡を祀《まつ》り、魚やあわび、さざえご飯、魚ご飯などを供えます。この日は家庭でもさざえご飯、あわびの刺身、大根なます、魚の刺身、あら炊きなどをつくりました。

豊富にとれるさざえは正月の雑煮にも入ります。昆布といりこでだしをとり、里芋、さざえ、焼き豆腐、かまぼこ、かつお菜、ぶりかさわらなど7種の具でつくる、志賀島ならではの雑煮です。

協力＝松田みつよ、松田末美、松田清隆、大室加奈子　著作委員＝末田和代、秋永優子

〈宮城県〉お盆

おくずかけ

おくずかけ（お葛かけ）は、かたくり粉などのでんぷんでとろみをつけた具だくさんの汁物で、宮城県の代表的な郷土料理です。禅宗の普茶料理の「雲片《うんぺん》」（細かく切った野菜をくずでとじたもの）をまねたともいわれており、もともとは寺院で食べる精進料理でした。それが家庭に広まってお盆やお彼岸に食べるようになり、現代では日常的に食べる家もあります。

具材やとろみの加減は季節や地域、家庭によってさまざまです。仙台市や県南では、白石市名産のそうめん「うーめん」を入れます。つるっとしたのど越しのうーめんを入れると食感に変化が出ます。動物性の食材は入れませんが、干し椎茸やごぼう、油揚げから独特のうま味や香りがしっかり出るので、味わい深く、おいしいのです。今回のレシピはかきたま汁程度のとろみですが、ゆでたうーめんにどろりとしたあんをかける家もあります。里芋や豆腐、なすやきのこなど、そのときある食材を入れて各家庭で楽しまれています。

協力＝増子裕子、佐藤律子、渡邊てる子　著作委員＝野田奈津実、和泉眞喜子、濟渡久美

撮影／高木あつ子

<材料> 4人分

じゃがいも…1個（150g）
ごぼう…1/4本（50g）
にんじん…1/3本（50g）
干し椎茸…3枚
糸こんにゃく…80g
油揚げ…40g
干し椎茸の戻し汁＋水…4カップ
塩…小さじ1弱
醤油…大さじ1
うーめん…50g
┌かたくり粉…10g
└水…大さじ2
豆麩…10g
三つ葉…15g

<つくり方>

1 じゃがいもは小さめの乱切りに、ごぼうはささがきにして水にさらす。にんじんはいちょう切りにする。干し椎茸は水で戻し、薄切りにする。糸こんにゃくは3cm長さに切り、ゆでる。油揚げは熱湯で油抜きしたあと、細く切る。

2 鍋に干し椎茸の戻し汁と水、1の具材をすべて入れて強火にかけ、煮立ったら中火にする。具材に火が通ったら塩と醤油を加える。

3 うーめんは半分の長さに折って（4.5cm程度）、別鍋でゆでる。さらに加熱するので表記のゆで時間よりも少し短めにする。水にとって洗い、ザルにあげる。

4 2の鍋にうーめんを加え、ふつふつと沸いてきたら水溶きかたくり粉を加えてとろみをつける。

5 水に浸して軽くしぼった豆麩と、3cm長さに切った三つ葉を加え、ひと煮立ちしたら火を止める。

うーめん。長さが9cmほどと短く、油を使わずつくられている

撮影／高木あつ子

<材料*> 4人分

かぼちゃ…50g
にんじん…1/3本（50g）
ごぼう…1/3本（50g）
きゅうり…1本（100g）
さやいんげん…30g
なす…1本（80g）
みょうが…2個
だし汁…1/2カップ
醤油…大さじ1と1/2
砂糖…大さじ1
黒すりごま…大さじ2

*7種の野菜は、夏野菜であればなんでもよい。

<つくり方>

1 野菜はすべてせん切りにする。やわらかいなすは大きめに切る。
2 だし汁に醤油、砂糖を入れ、加熱時間の長い根菜類から加え、中火で野菜の歯ごたえを残すように煮る。煮汁が少なくなったら最後にみょうが、生で食べられるきゅうりを加え、ひと混ぜして火を止める。
3 鍋に黒すりごまを加えて和える。

〈千葉県〉七色《なないろ》ぜい　お盆

県東部で隣接する匝瑳《そうさ》市八日市場地区と旭市干潟地区という限られた地域で、お盆の行事食としてつくられてきた料理です。材料はありふれたものですが、7種類の色とりどりの野菜を、すべてていねいにせん切りにすることで、手間をかけたごちそうとなります。

野菜それぞれの歯ごたえや色を残すように順番に煮ていきます。ごぼうやみょうがは風味や香りを際立たせます。これをたっぷりの黒ごまで和えることで、いっそう野菜の旨み、コクがまさります。黒ごまを使うのは千葉県らしい特徴で、代表的な郷土料理のいわしのごま酢和えも黒ごまでつくります。「七色ぜい」の「ぜい」の意味は地元でもよくわからないのですが、料理のつくり方、仕上がりから考えると、贅沢の「ぜい」なのではないでしょうか。

現在ではお盆でつくられることは少なくなっていますが、たっぷりと野菜を食べることができ、ごちそう感のある料理として、今日でもなお、魅力的な一品です。

協力＝小西利子　著作委員＝柳沢幸江

〈三重県〉

盆汁

県中部の松阪市嬉野《うれしの》地域は気候が温暖で、米をはじめ、さまざまな野菜がとれる農産物が豊かな地域です。ここは人々の結びつきも強く、昔ながらの行事も多く残っています。盆汁は、お盆に家族が集うときには必ずつくられる、夏野菜中心の具だくさん味噌汁です。夏の疲れた時期にとることでビタミン類やたんぱく質などの栄養素を体に供給し、体調を整えます。

具の数は、7種類ともいわれます。さやが細くて30〜40㎝もある十六ささげは絶対に入るもので、この地域では、十六ささげが盆の時期に収穫できるよう、各家庭で6月に種をまいて育てます。また味噌は大豆だけでつくる豆味噌で、かつては地域ごとに室《むろ》を持っていて、各家庭から持ち寄った味噌樽をそこにおいていました。

盆汁には真水で10日ほど泥を吐かせたどじょうを入れる地域もありました。だしは、一部の地域（島田）でいりこを使いますが、生臭《なまぐさ》を使わない地域が多いです。

協力＝嬉野町Uの会 食育部会
著作委員＝駒田聡子

撮影／長野陽一

＜材料＞4人分

かぼちゃ…75g（1/4個）
なす…150g（1本）
十六ささげ（盆ささげ）…10g（1本）
ゆで大豆…25g
ごぼう…15g（1/10本）
にんじん…35g（1/4本）
ずいき…20g（2本）
油揚げ…1/3枚
水…4カップ
煮干し…20g（地域によっては生臭のため入れない）
豆味噌…40g

◎野菜はおおよその量で7種類入れるとされるが、厳密な決まりではなく、ここでは8種類入れている。豆腐やきのこ、みょうがを入れることもある。

＜つくり方＞

1 煮干しは腹わたと頭をとり、分量の水につけ冷蔵庫で一晩おく。
2 野菜類は食べやすい大きさに切る。ずいきは食べやすい長さに折りながら皮をむき、水にさらす。揚げは短冊に切る。
3 1から煮干しを除き、野菜類（十六ささげを除く）を煮る。
4 野菜に火が通りやわらかくなったら、揚げを入れて煮て、最後に十六ささげを入れ、味噌を溶き入れて仕上げる。

撮影／五十嵐公

〈奈良県〉お盆

七色《なないろ》お和え

大和郡山市や天理市など奈良盆地の周辺で、お盆にご先祖様にお供えしたり、家族が集まったりするときにつくる料理です。もとは真言宗のお盆の料理ですが、宗派は関係なくお供えする料理として家庭でつくられています。

夏に収穫できるもの、初物など7種を合わせてつくるぜいたくな料理です。材料は畑でとれたものが主ですが、地域により少しずつ違い、ごぼう、きゅうり、椎茸、薄揚げなどを使うところもあります。葛城《かつらぎ》では、味噌はえんどう豆でつくった甘さのある味噌を使っています。色も食感も風味も違う野菜をごま味噌で和えるだけのシンプルな料理ですが、ごまの香ばしさの中にも野菜各々の味を楽しめます。家庭によっては七色の汁物や野菜の煮物を用意するところもあるそうです。天理市で聞き書きした家では、七色のお和えか五色和えをつくり、14日には迎えそうめん、15日の送り火には刺しさばと呼ばれる塩干しさばのお供えもしたそうです。

著作委員＝島村知歩

＜材料＞8人分

なす…200g（2本）
ずいき…100g（1本）
里芋…160g（4個）
かぼちゃ…120g（1/8個）
にんじん…40g（1/4本）
さやいんげん…40g（10本）
みょうが…40g（2〜3個）
白ごま…40g
味噌…80g
砂糖…40g

＜つくり方＞

1 なすは4〜5㎝長さに切り、縦に4〜6つ割りにしアクを抜く。沸騰湯でゆで、水にさらしてしぼる。
2 ずいきは皮をむき、4〜5㎝長さの拍子木切りにして水にさらす。酢大さじ2（分量外）を入れた湯でしんなりするまでゆで、水にさらしてしぼる。
3 里芋は皮をむき、ひと口大に切る。短冊切りにすることもある。
4 かぼちゃはワタを除き、皮つきのまま5㎜ほどの厚さに切ってゆでる。
5 にんじんは4〜5㎝長さの短冊切りにしてゆでる。
6 さやいんげんはゆでて、斜め切りにする。
7 みょうがは縦4つに割り、酢を少々（分量外）入れた湯で さっとゆでる。
8 すり鉢でごまをすり、味噌と砂糖を合わせて和え衣をつくる。水けを切った野菜を加えて和える。くずれやすいものもあるのでさっくりと混ぜ合わせる。

和える野菜は7種類。写真はそれぞれ切ってゆでた状態

〈福岡県〉たらわたの煮物　お盆

真だらの身の干物である棒だらは県内の広い地域で本だらとも呼ばれ、お盆に欠かせない料理として食べられてきました。他方、「たらわた」と呼ばれる真だらのわた（内臓）の煮物が筑後平野の北東部や県南部の内陸部などで親しまれています。乾物の細いところが胃袋、サメの口のようなギザギザの部分がエラで、八女《やめ》市黒木《くろぎ》町ではたらおさと呼び、特産の干したけのこの穂先と一緒に煮ます。

大刀洗《たちあらい》町ではたらわたを甘辛に煮て、多めに残した煮汁で新物のごぼうやじゃがいも、こんにゃくなどを煮ます。やわらかく弾力のある胃袋とコリコリしたエラ、たらのうま味がしみ込んだ野菜は本当においしいと年配の人たちが口をそろえるごちそうです。盆だらともいい、お盆の客には1人分ずつ盛りつけ、家族は大皿盛りにしました。自家用の食材が多い中、たらわたは購入する数少ない食品で、嫁いで最初に迎えるお盆に婚家から嫁の実家にたらわたを贈る風習がありました。

協力＝「きくちの里」朝市に出す会、大室加奈子　著作委員＝秋永優子

<材料> 4人分

たらわた（乾燥）…100g（さっとゆでたあとの重さは2倍強、できあがり重量は約3倍）
- 水…500mℓ（たらわたの5倍）
- 黄ザラ…90g（たらわたの90%）
- 醤油…40g（たらわたの40%）
- 塩……4g（たらわたの4%）
- みりん…30g（たらわたの30%）

ごぼう…250g
こんにゃく…200g
じゃがいも…500g
さやいんげんなど青みの野菜…少々

◎たらわたの大きさや重さは1本1本異なるので、上の割合の調味料で煮る。割合は重量比。

真ダラの胃袋とエラを干した、たらわた。現在でも盆や正月が近づくとスーパーなどに並ぶ

撮影／長野陽一

<つくり方>

1. たらわたを一昼夜水につけ、やわらかく戻す。途中、数回水を替える。
2. 1を水洗いし、胃袋とエラの部分に分け、それぞれ長さ2〜3cmの食べやすい大きさに切る。ハサミが切りやすい。これをたっぷりの水から入れ、さっとゆでこぼす。ふきこぼれやすいので気をつける。
3. 鍋に分量の水と下処理したたらわたを入れて火にかけ、アクを丁寧にすくいながら1時間半〜2時間ゆでる。
4. やわらかくなったら黄ザラを加えて10分ほど煮て、醤油、塩、みりんを加えて3分ほど煮る。
5. ごぼうは斜め薄切り、こんにゃくは手綱、じゃがいもは厚めに切る。
6. 4の煮汁を別鍋にとり、5を煮る。
7. 4と6を器に盛り、ゆでて細切りした青みの野菜を添える。

◎たらわたを戻すときは水を何度も替え、その後ゆでこぼすこと。このひと手間でくさみのない仕上がりになる。

〈大分県〉

たらおさ

お盆

真だらのエラと胃を干した「たらおさ」を長時間水につけて戻し、醤油や砂糖で甘辛く炊いた料理です。県北西部に位置する日田市では、旧盆や正月になると必ずこの料理がつくられていました。

江戸時代、幕府の天領だった日田には九州の天領を統括する役職「西国筋郡代《さいごくすじぐんだい》」もおかれ、経済の中心地として栄華を極めました。博多にも街道が通じ、物資もさかんに流通していたため、北海道で加工された「たらおさ」が北前船で博多に荷揚げされ、日田まで運ばれていたのでしょう。九州近海ではまったくとれない真だらが内陸部の日田に根づき、ハレの食べ物として精進料理中心のお盆にも出されていました。

たらおさは水で戻す際、強いにおいが家じゅうにたちこめるため敬遠する人もいますが、年配の人には懐かしい一品です。独特の食感と旨みがあるので、手間や時間はかかっても、「これがないとお盆が来ない」という人もいるほどです。

協力＝木下眞佐美、堀田貴子

著作委員＝西澤千惠子

撮影／戸倉江里

＜材料＞ つくりやすい分量

たらおさ*…2本
醤油…大さじ5
砂糖…大さじ5
酒…大さじ4
みりん…大さじ4
赤唐辛子…1本

*真ダラのエラと胃をカチカチになるまで干したもので、長さ40～50㎝ほどある。お盆前になると日田市周辺のスーパーに並ぶ。

＜つくり方＞

1 たらおさを水につけて、やわらかくなるまで1～3日かけて戻す。途中で数回水を替える。
2 キッチンばさみなどでひと口大に切り、鍋に入れる。ひたひたの水を加えて、歯でかみ切れるくらいやわらかくなるまで中火で加熱する。
3 煮汁を捨て、調味料と輪切りにした唐辛子を加え、味がしみて汁けがなくなるまで中火で煮る。

◎こんにゃくや干したけのこ、干し椎茸を戻したものを加えることもある。その場合は3の調味料を入れたあとに加えて煮る。

盆料理

〈鹿児島県〉

かいのこ汁は「かゆの子」がなまったもので、お盆におかゆとともに供えたことから伝えられている夏野菜たっぷりの呉汁です。黒塗りの小さな膳に山盛りのご飯、かいのこ汁、煮しめ、炒り豆腐、といもがら（はすいもの葉柄）のなます、型菓子などをのせ、ご飯には麻がらか柳の枝の箸を挿してお供えします。

鹿児島市内では8月13日から15日がお盆で、13日に帰省客を迎えお盆の準備をして、迎え火を炊きます。14日と15日は墓参りで、昔は夕方になると外出着に着替えて盆提灯を持ち、家族総出で行ったものでした。15日は鼻つまんだんごをお墓にも供えます。翌年の再来を祈るとともに、ご先祖様が帰る途中、お腹が空いたときに召し上がるためにともいわれています。

昔はかいのこ汁に「みがしき」というずいきの一種の伝統野菜を入れました。盆前になると鹿児島市内では、農家が道路脇で花や箸とともに販売していましたが、最近は市場に出回ることが少なく、といもがらを利用する家庭が多くなりました。

著作委員＝大山典子

かいのこ汁

<材料> 4人分

大豆…1/2カップ（80g）
かぼちゃ…1/8個（100g）
なす…1本（100g）
といもがら（はすいもの葉柄）…1/2本（70g）
ごぼう…1/4本（50g）
にんじん…1/3本（40g）
薄揚げ…1/2枚
きくらげ…2枚（1g）
野菜昆布…10cm（2〜3g）
油…大さじ1/2
だし汁（精進だし）…5カップ
味噌…大さじ3と1/3
みりん…大さじ2

<つくり方>

1 大豆は一晩水につけてから皮をむく。包丁で粗めに切り、すり鉢で軽くあたる。
2 かぼちゃ、なす、といもがら、にんじん、薄揚げは1cmのさいの目切り、ごぼうはささがきにする。水で戻したきくらげは3〜5mm幅のせん切り、野菜昆布も5mm幅のせん切りにする。
3 なす、といもがら、ごぼうを油でさっと炒める。
4 別の鍋にだし汁と1の大豆、かぼちゃ、にんじん、きくらげ、野菜昆布を入れ、やわらかくなるまで煮る。3と薄揚げを加え、味噌とみりんで調味する。

といもがらのなます

<材料> 4人分

といもがら（はすいもの葉柄）…50g
きゅうり…1本（80g）
きくらげ…3〜4枚（2g）
だし汁（精進だし）…大さじ2
うす口醤油、砂糖…各大さじ1
黒ごま…大さじ1
A 酢…大さじ2
A 砂糖、うす口醤油…各大さじ1

<つくり方>

1 といもがらは皮をむき、薄切りにして水にさらす。ザルにあげ塩（分量外）をふり、水けを軽くしぼる。
2 きゅうりは小口切りにし塩（分量外）を少々ふり、しばらくおいてから水けをしぼる。
3 きくらげは水で戻しせん切りにして、だし汁と調味料で煮る。
4 黒ごまは炒って切りごまにする。
5 Aを合わせて1〜3を和え、器に盛り切りごまをふる。

鼻つまんだんご

<材料> 4人分

もち粉…100g
水…80mℓ
小豆あん…適量

<つくり方>

1 もち粉に水を加えてこねて丸いだんごをつくり、中央をつまんで鼻の形にする。
2 熱湯で4〜5分ゆで、ゆで上がったら水にとり水けをきる。
3 小豆あんをかけて食べる。きな粉でもおいしい。

手前がかいのこ汁、奥がいもがらのなます(左)、鼻つまんだんご(右)

撮影／長野陽一

屋外でとる食事いろいろ
～持ち運ぶ道具から見てみる

歌舞伎見物のわりご弁当(p30)や花見弁当(p26)など
大勢の料理を戸外へ持ち出すときは、
重箱や弁当箱など専用の道具を使います。
年中行事から日常の食事まで、昭和初期の記録を参考に、
日本各地でどんな道具が使われていたか見てみましょう。

稲刈りの弁当
（石川県河北郡津幡町潟端）

一日中田んぼで稲刈り、稲はさづくりをするので、箱弁当（白木の弁当箱）を持って行く。上の二段にご飯の箱を6個、下の一段に煮物、漬物などの入ったおかず入れを6個入れる。

春祭りの弁当
（兵庫県神戸市須磨区若木町）

5月に行なわれる和田宮さんの春祭りには、塗りの三段重ねの手提げ重に混ぜずし、煮物、焼きあなご、かまぼこ、たたきごぼう、ゆで卵などを入れて持って行き、みんなで食べる。

運動会の弁当
（熊本県鹿本郡植木町辺田野）

秋の学校の運動会には段箱（段々になった弁当箱）に里芋の煮しめ、ちくわ、天ぷら、にぎり飯や巻きずしを詰めて持って行く。手前の小箱が1人前。家族そろって食べる。

田植えの間食
（埼玉県秩父郡吉田町下吉田）

田植えの際のこじょうはん（午後の間食）には毎日、白米のおむすびをつくり、柄つきのおひつに入れて田んぼへ持って行く。煮豆や味噌漬けなどもつける。

田植えの弁当
（愛知県安城市新田町）

おひつには梅干しとしそをのせた麦飯、茶樽（2升近く入る手桶）にはお茶、ぬか漬けと塩ます、鉄火味噌のおかず。弁当はいちこ（わら製の保温用の入れ物）に入れて田んぼに運ぶ。

地芝居見物の弁当
（静岡県御殿場市山の尻）

芝居見物用の三段引き出しの弁当箱にお酒の入ったとっくりを提げて出かける。さんまとさばの炊きこみご飯、おかずは、ごぼう、こんにゃく、凍り豆腐、昆布の煮しめなど。

写真＝千葉寛、小倉隆人（兵庫県、埼玉県）　参考＝「日本の食生活全集」「聞き書 ふるさとの家庭料理⑲ 日本のお弁当」（農文協刊）　まとめ＝編集部

秋から冬

収穫祝いの秋祭りでは真っ赤なゆでがにや、さばずし、根菜たっぷりの煮物に舌鼓を打ちます。家々に幸をもたらす大黒様は納豆汁や黒豆ご飯の豆づくしでねぎらい、仏教行事「報恩講《ほうおんこう》」では豆腐や小豆がごちそうです。皆で一年の実りを喜ぶと、やがて年納めです。

昆布巻き

〈福井県〉秋祭り

　県北部の嶺北では、昆布巻きは正月の他、秋祭りにもよくつくります。たくさんつくった方がおいしいので、隣近所で祝う祭りのごちそうにぴったりでした。具はにしんだけの他、にしんと厚揚げやにんじん、ごぼう（勝山市や鯖江市など）、干し鮎（九頭竜川沿いの永平寺町）など、地域により異なります。昆布巻きを結ぶためのシュロの木やミチシバを庭に植えている家もあるといいます。北前船の寄港地がいくつかあったため、県全域で昆布とにしんはよく入手できました。とくににしんはトロ箱で買って肥やしにするぐらい安価だったようです。

　箸を添えて巻くので「棒巻き」とも呼ばれます。慣れた人はまっすぐに次々と巻いていきます。煮ているうちに昆布がふくらむので、最後はゆるく結ぶのですが、その加減は何度かつくるうちに身につくもののようです。

　南部の嶺南では、にしんは「二親」、昆布は「よろこぶ＝養老昆布」にかけて、両親ひいては一家の繁栄や不老長寿の縁起物だそうです。

協力＝窪田春美　著作委員＝佐藤真実

撮影／長野陽一

＜材料＞ 10人分

棹前昆布（煮物用）…幅10cm×長さ1m×2本（1人分）を10組
身欠きにしん（半乾）…10本
酒…130mℓ
醤油…130mℓ
砂糖…350g

＜つくり方＞

1 にしんは、米のとぎ汁または水で一晩戻す。
2 昆布は洗って、まっすぐにのばし、扱いやすいように30cmぐらいの長さに三つ折りにして重ねておく。
3 菜箸2本の上ににしんをのせ、1枚目の昆布はにしんの中心から頭の方へ巻き、頭から尾の方へ、尾から中心へと巻いていく（写真①、②、③）。2枚目はにしんの中心あたりが厚くなるように巻く。
4 昆布が外れないようにミチシバでしばる（写真④）。
5 鍋に並べ、たっぷりの水で昆布がやわらかくなるまで煮る。
1日目、水を適宜足しながら、弱火で12時間ほど煮る。そのまま常温で放置する。
2日目、昆布がトロトロになっていたら、砂糖、醤油、酒を入れて味がしみこむまで弱火で3時間ほど煮る。そのまま常温で放置する。
3日目、照りよく煮えていれば、もう食べてよい。

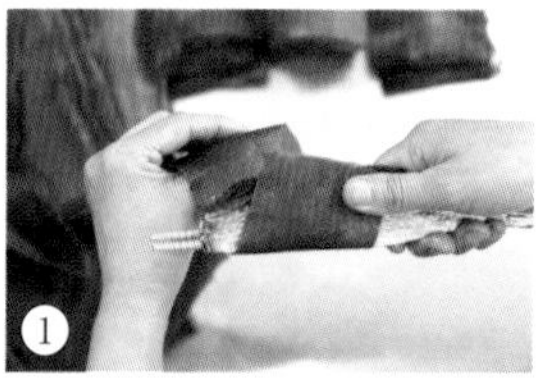

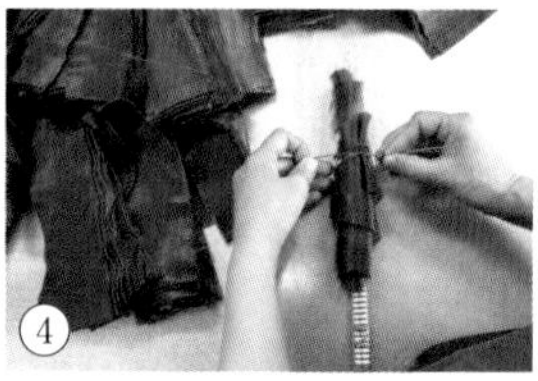

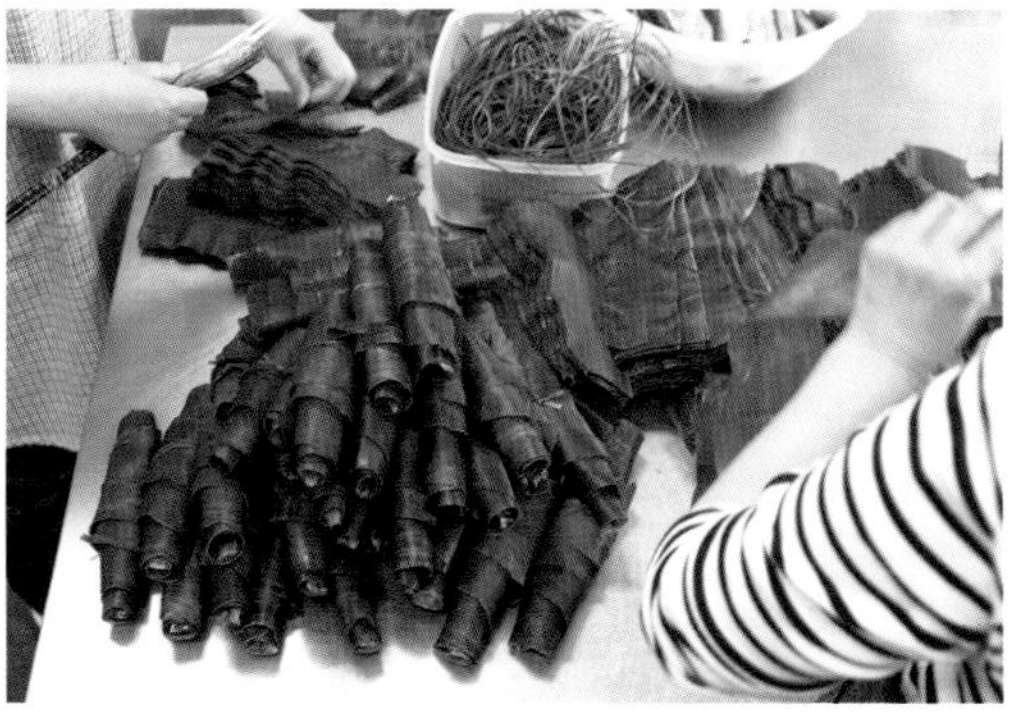

南越前町の「田舎料理」の店では祭り用に大量の昆布巻きを仕込む

大鍋で煮上げた昆布巻き

〈山梨県〉安産祭り

貝のひも煮

山中湖村山中地区の人たちにとり、9月4〜6日に行なわれる山中諏訪神社の安産祭りは重要な祭りです。その名の通り、子授け、安産のご利益があるといわれる祭りで、全国各地から妊娠を望む女性、妊産婦、子が授かりお礼に来た女性たちが集まることでも有名です。

この祭りに合わせて、必ず用意される料理が貝のひも煮です。ホタテのひもの乾燥品からつくられる煮物は、貝のひもの外観がへその緒を思わせることからも縁起ものとして安産祭りに欠かせない料理となっています。酒の供にもなる、独特の歯触りの一品です。貝のひも煮とともに、花豆の煮豆、わかさぎの料理も一緒に添えられます。

昔は、山中本通りに面した家々では行き交う人に声をかけて招き、料理をもてなしたそうです。今は見知らぬ人への声かけはしませんが、家々には灯がともり、親類縁者が宴会しているさまが随所でうかがえます。

協力＝高村園葉、菊地のり代
著作委員＝阿部芳了

撮影／高木あつ子

＜材料＞ 10人分

貝のひも（乾燥）…150g
酒…1/4カップ
醤油…1/3カップ（70mℓ）
みりん…1/4カップ
砂糖…50g

＜つくり方＞

1 貝のひもは水でさっと洗ったのち、浸るぐらいの水（分量外）に、半日浸しておく。
2 鍋に貝のひもと浸した汁を入れる。汁がひたひたの状態でなければ水を追加する。火にかけて一度沸騰させたら中火にする。貝のひもが引っ張ってちぎれるくらいのやわらかさになるまで3時間ほど煮る。
3 2に調味料を入れ、煮汁がなくなるまで煮つめる。

◎醤油と砂糖のみで煮る場合もある。
◎最近の貝のひもの乾物にはほとんど砂などついておらず、洗いすぎるとうま味成分が流出してしまうので、軽く洗うぐらいでよい。

祭り間近にはスーパーの店頭にも乾燥した貝のひもが並ぶ

〈長野県〉十五夜
おからこ

　おからこは、上伊那のおもに中北部地域に伝わる十五夜のお供えで、浸水させたもち米とうるち米をすってまとめただけの簡単な即席もちです。一説に、十五夜の頃は収穫で忙しく、もちをついている暇がなかったことから生まれた風習といわれています。翌日、汁に入れて食べますが、ほかでは味わえない独特の歯触り、食感です。

　昔はすり鉢ではなく、杵と臼でついて、今より大きなお供えをつくったそうです。家族の数が減ったのでたくさんはつくりませんが、今も伊那市周辺で手づくりする家庭が残っています。十五夜に農作物とともにお供えし、翌日は野菜を入れた醤油味の汁に入れて食べます。すったもちの粒々が残る独特の食感がおいしく、この味を懐かしがる人が多いです。最近はラップで包んで鏡もちの形にまとめて、包んだまま供えるそうです。また、1回分の量に分けて冷凍しておきます。汁に入れるときは火が通りにくいので、大きくはちぎらないそうです。

協力＝馬場よし子、宮原穂波
著作委員＝中澤弥子

おからこの入ったおからこ汁

撮影／高木あつ子

お供えする状態のおからこ。乾燥しないよう、ラップで包んでいる

＜材料＞ 4人分

【おからこ（お供え）】
もち米、うるち米…各160g
ぬるま湯または水…適量（30mℓ）

【おからこ汁（翌日）】
里芋…100g（2個）
大根…100g（1/10本）
にんじん…80g（1/2本）
ほうれん草…80g（4株）
┌昆布…10g
└水…1ℓ
醤油…大さじ1と1/2
砂糖…小さじ1
酒…大さじ1

＜つくり方＞

1 洗ったもち米とうるち米を合わせて一晩水につける。
2 翌日、ザルにあげ1時間ほど水をきる。
3 2の米を生のまますり鉢ですりつぶす。またはフードプロセッサーに少量の水（分量外）とともに入れて、2割程度の粒が残るようにすりつぶす。
4 耳たぶくらいになるようにぬるま湯または水を加えてこね、鏡もちのように丸める。里芋の葉の上にのせてお月様にお供えする（おからこ）。
5 翌日、おからこをひと口大にちぎるか、切り分ける。
6 昆布でだしをとり、昆布はひと口大に切る。
7 里芋、にんじんは皮をむいて輪切りに、大根はいちょう切りにする。
8 7と6の昆布を6のだし汁に入れてやわらかくなるまで煮て、調味料で味を調える。
9 5を入れて煮えるまで弱火で約10分煮こむ。
10 ほうれん草はゆでて3cmくらいに切り、仕上がりに加える。

◎おからこをお供えしない場合は、3にぬるま湯または水を適量加えて練り、ひと口大にちぎって丸める。

〈大阪府〉だんじり祭り

ゆでがに

府南部の泉州地域で、城下町の岸和田市では、だんじり祭りが一年でもっとも大きな行事です。だんじり（地車）を人力で曳《ひ》いてねり歩いたり走ったりするので、青年たちは数カ月前から集まって訓練をします。お囃子《はやし》の練習も毎日鳴り響き、町内の道路には提灯がかけられ、夜の風景にも風情が出てきます。旧市街地域は9月に、農村部は10月に行なわれます。

だんじり祭りは別名かに祭りともいわれ、必ず用意するのが、ゆでがに、くるみもち、関東煮《かんとだき》（おでん）です。くるみもちや関東煮は、一日中走り回るだんじりの曳き手が短い休憩時に手軽に食べられます。この時期が旬のわたりがにはゆでると華やいだ赤色になります。まず内子（卵巣）やかにみそ、縦半分に割って足のつけ根の身を食べ、甲羅にご飯を入れてかにみそや身をまぶして醤油を数滴加えて食べたりします。昔は近場でとれた新鮮なかにが比較的安かったようですが、最近は大阪での水揚げは減り高価になってきています。

協力＝久礼弘子、久礼優子
著作委員＝原知子

<材料> 4人分

活けワタリガニ（ガザミ）*…4杯
醤油、塩…各少々
甘酢**
- 砂糖…大さじ3
- 酢…大さじ2
- だし汁（昆布）…大さじ2
- 醤油…小さじ1/2強

*ふんどし（裏側の三角の部分）が細いものがオス、幅が広いものがメス。メスは内子がおいしいが、オスも秋は甘い身が詰まっておいしい。

**溶かすのみで沸かさない。だし汁（昆布）を使わず、だし昆布をつけておいた米酢と水でもよい。

<つくり方>

1 ワタリガニは、暴れて足がとれないように足がしばってある（写真①）。氷か氷水につけて動きを止める（写真②）。10分くらいつけて動きがしっかり止まるのを確認する。

2 ゴム（ひも）をはずし、足がとれないように注意しながら氷水の中でタワシなどできれいに洗う（写真③、④）。

3 カニが浸る程度の水を鍋に入れ、醤油と塩で約0.7％塩分（吸いものの塩加減）に味をつけ、カニを甲羅が下側になるように入れて加熱する（写真⑤）。ゆで汁を煮物のだしなどに使う場合は、塩を入れずにゆでてもよい。

4 カニの大きさによるが、沸騰してから15〜20分ゆでて、甲羅がきれいな赤色になったらとり出し、甲羅を上にして水きりし、皿に盛る。

5 甲羅をはずし、内子（卵巣）やかにみそを食べ、縦半分に割って足のつけ根の身、足の身も食べる。そのままで、あるいは、少し甘めの甘酢をつけていただく。

◎くるみもちは木の実のクルミではなく、やわらかくついたもちを大豆のあんでくるんだもの。詳しくは『米のおやつともち』p22を参照。

手前はゆでがに、奥はくるみもち

撮影／高木あつ子

〈岡山県〉秋祭り

さばずし

県北部では祭り、とくに秋祭りやしろみて（田植えが終わった祝い）にはさばずしをつくる地域が多く、今でも伝承されています。中国山地に囲まれた地域で、魚といえば川魚が中心でしたが、昔から山陰の港から山を越えて魚を売りにくる行商もさかんでした。

さばずしは塩さばを塩抜きし、たっぷりの時間、生酢につけて魚をしめ、手間をかけた地域の風土に合った料理です。棒ずしタイプの他に、すし飯を50g程度に丸め、酢じめした魚を刺身のようにそぎ切りしてのせ、きれいなクマザサで包んだり、中敷きにしたこけらずしタイプもつくられます。

現在では塩さばの塩加減も薄く、冷凍品も出回っているので、年中つくることができます。それでも、秋祭りになると子どもや孫たちが帰ってくるのでさばずしをたっぷりとつくって家族で、地域で食べるのが楽しみです。このときは帰ってこられない子どもや親戚にも送るほどたくさんつくります。

協力＝小椋隆子　著作委員＝藤井わか子

<材料> 2本 (米2合) 分

塩サバ(三枚おろしにしたもの)
…1尾分 (2枚)
生酢…大さじ3強 (48mℓ)
塩サバ用合わせ酢
A ┌酢…1/2カップ強 (110mℓ)
　│せん切りしょうが…6g
　└砂糖…70g
うるち米…1.6合 (240g)
もち米…0.4合 (60g)
水…2.1カップ (420mℓ)
酢飯用合わせ酢
B ┌酢…大さじ3強 (48mℓ)
　│砂糖…80g
　└塩…小さじ1弱 (5.4g)

<つくり方>

1 塩サバは皮をむき、骨をピンセットで抜く。
2 塩サバを酢洗い(分量外)し、さらに生酢に1〜2時間つける。
3 2をAに20〜23℃で15時間程度つける。つけすぎないこと。
4 うるち米ともち米を合わせて洗い、3〜5時間水に浸してから炊く。
5 炊き上がりにすぐBで味をつけ、うちわであおぎつやを出す。
6 すし型にサバを入れ、すし飯300〜360gを詰め、軽く押さえる。2本つくる。Aのしょうがは、すし飯とサバの間に入れたり、サバの上にのせたりする。
7 型からはずし、ラップで包み形を整える。さらに、竹の皮に包む。
8 食べるときは7〜8切れに切り、皿に盛る。

◎容器により、魚がつからない場合は生酢やAの量を増やす。

撮影／長野陽一

こけらずしタイプのさばずし

撮影／戸倉江里

<材料> 4人分

A
- 大根…3cm（120g）
- にんじん…1/3本（40g）
- ごぼう…1/3本（60g）
- むき栗…5〜6個（80g）
- 里芋…3〜4個（170g）
- れんこん…1/2節（80g）
- こんにゃく…50g

サバ切り身…100g
小豆…40g（煮て100g）
小豆の煮汁…1カップ
だし汁（煮干し）…3/4カップ
醤油…大さじ1と1/3
砂糖…大さじ2強（20g）

<つくり方>

1. 小豆は皮が破れないように七分目程度のかたさに煮る。煮汁はとっておく。
2. サバは素焼きにしてほぐす。
3. Aの食材はすべてさいの目に切る。
4. 鍋に1の小豆と煮汁、3の食材を入れ、だし汁、醤油、砂糖を加え、中火にかける。
5. 4がひと煮立ちしたら2のサバを加え、煮汁がなくなるまで弱火のままゆっくり煮こむ。

有田町の煮ごみ。鶏肉入り

〈佐賀県〉おくんち

煮ごみ

県西部の山内町（現武雄市）で、おくんち（秋祭り）の際のもてなし料理としてつくられてきた煮物です。おくんちには刺身やにいもじ（里芋の一種、水芋のずいきの酢の物）、がめ煮（すっぽんと野菜の煮物）、ご飯（赤飯・栗おこわ・栗赤飯）、おはぎ、蒸しまんじゅうや地酒を用意します。これらの料理をつくるときに出た食材の切れ端や、余った食材でつくる無駄のない料理です。野菜くずの煮物に小豆や、焼いてほぐしたさばを加えることでごちそうになります。内陸部なので、かつては鮮魚は入手しにくく、ひぼかし（焼きさばをさらに干したもの）を使いました。

隣接する有田町では鶏肉を入れたり、また海に面する伊万里や佐世保が近いので、裕福な家ではあみなし（まぐろの中落ち）を入れたりしたそうです。汁けを多くつくり、里芋のとろみがつきます。翌日には煮返して汁けがなくなったものを「ごべった」といって食べました。県内には煮ごみのことを「煮じゃあ」と呼ぶ地域もあります。

協力＝稲田則子、松尾宣子、杉原美津江、永田むつ子　著作委員＝橋本由美子

〈宮崎県〉

だぎねん祭りの料理

日向《ひゅうが》灘に面し県中央部に位置する川南町《かわみなみちょう》は米、さつまいも、果樹、茶などの栽培とともに、畜産業がさかんです。だぎねん（駄祈念）は、地区ごとに豊作を感謝し、家内安全・牛馬安全・五穀豊穣を水神様に祈る行事です。

孫谷《まごたに》地区では毎年旧暦9月15日に行なわれます。祭りで食べる料理は、畑ぼら（畑でとれたもの）を使って、昔は当番の家で、今は公民館で、昔も今も男性がつくります。煮しめは、皮をむいただけの大きな野菜やいもを大釜で煮て、煮上がったらもろぶたに並べ、それぞれ切り分けて半紙を敷いたお膳に盛りつけます。子孫繁栄の象徴とする大きな男根の形にした京芋、酔い止めの柿も並びます。儀式が終わると、懇親会が始まりますが、席に着いて最初に食べるのは、はすがらの上に豆腐、酢味噌がのったひき肴です。一人ひとりの手のひらに配られ、そのままパクッと食べる風習です。そのほか、なますやぜんざいも用意されます。

協力＝江藤仁昭、田中幸生
著作委員＝長野宏子、篠原久枝

煮しめ

＜材料＞10人分

A
- 大根…800g
- にんじん…160g
- 里芋…500g
- 京芋…600g
- 豆腐…1丁（220g）
- こんにゃく…2枚＋2枚（960g）
- 油揚げ（15cm角）…5枚

B
- ごぼう…120g
- かぼちゃ…350g
- はすがら（はすいもの茎）…1本（100g）

C
- イリコ…60g
- 昆布…50g
- 干し椎茸…30g
- 水…3ℓ
- 濃口醤油…1カップ
- うす口醤油…2カップ
- 砂糖…250g
- ザラメ（または三温糖）…100g
- 酒…1/4カップ

飾り
枝つききんかん、柿、みかん

＜つくり方＞

1 平釜にCを入れて煮る（昆布はさっと洗って端から結び目をつくり長いまま煮る）。
2 里芋、京芋は皮をむく。大根、ごぼう、にんじんは皮をむいて縦に半割り、かぼちゃは1/4に割る。こんにゃく2枚は切って手綱にし、2枚はそのまま。
3 平釜にAを入れ、こんにゃくと油揚げは20分、そのほかは45分煮る。沸騰することなく、ときどきぷっくぷっくとするくらいの火加減で。火の通り具合と味をみてよければもろぶたにあげる。そのままのこんにゃく2枚はひき肴にするので、別にする。
4 同じ平釜にBを入れてAと同様に煮る。はすがらは10分、かぼちゃは30分、ごぼうは45分を目安に煮る。
5 京芋はそのまま、そのほかのものは大きめに切り、昆布は結び目ごとに切り分ける。
6 お膳に半紙を敷き、京芋を中心に果物も一緒に盛りつける。

◎当時は100人以上参加していたため、本来はこの10倍量でつくる。

＊　＊　＊

ひき肴：豆腐とはすがら

豆腐は半分に切り、厚さを半分にした端から1cm弱に切る。1枚が3〜4cm角で1cm弱の厚さになる。はすがら（生）は皮を除き、斜め薄切りにする。大皿に豆腐とはすがらを放射状になるよう交互に並べ、酢味噌（味噌70g、砂糖40g、酢20mℓ）を入れた器を真ん中におく。はすがらの上に豆腐をのせ、酢味噌をのせ、一人ひとりの手に配る。

ひき肴：こんにゃく

煮しめと一緒に煮たこんにゃくを7〜8mmの薄切りにし、放射状になるよう大皿に並べる。

なます

にんじん70g、きゅうり270g、大根270gをそれぞれをせん切りして塩をする。柿1個は皮をむき、短冊切りにする。アジ2尾は三枚におろし、酢じめ後、2〜3mm幅に切る。野菜の水分をしぼり、柿、アジと混ぜ合わせ、酢75mℓ、砂糖50g、おろししょうが2gで和える。

ぜんざい

小豆500gを一晩浸漬し、水きりしたら2ℓの水を加え、やわらかくなるまでゆでる。砂糖500〜600gを3回に分けて加え、最後に塩小さじ2を加える。だんごの粉に水を加え耳たぶくらいのかたさにする。1.5cm前後に丸め、真ん中を押す。小豆の鍋に入れて火が通るまで煮る。

◎もともとは甘酒だったが、大勢の分をつくるのが難しいため、ぜんざいに変わってきた。

煮しめは大きな平釜で煮る。だぎねんの料理をつくるのは男性の役割。一緒に作業して若い人に伝えていく

ひき肴は、はすがらの上に豆腐と酢味噌をのせ、直接お客さんの手にとり分ける

奥がひき肴（左がこんにゃく、右が豆腐とはすがら）、手前が煮しめの盛り合わせ

撮影／高木あつ子

〈熊本県〉秋祭り

つぼん汁

県南部の人吉・球磨《くま》では、地域ごとに親しまれている神社があり、多良木町の天満宮なら「天神さん」、湯前町の里宮神社なら「里宮さん」と呼ばれます。各神社の秋祭りのごちそうに決まって出されるのがつぼん汁です。里芋やにんじん、ごぼう、鶏肉や焼き豆腐などを小さく切って煮た具だくさんの汁もので、食べるとどこか懐かしく、ほっとする味わいです。以前は家の鶏をつぶしてだしをとり、自分で焼いた豆腐を使っていたので、今より格段においしかったそうです。秋祭りでは、つぼん汁以外にも、赤飯やなます、甘酒、尾頭つきの魚の煮つけなど豪華な料理が並びました。

かつてはけんちん汁と呼ばれていましたが、いつの頃からか、小さいつぼに入れて出したところ、格好よく、それが定着してつぼん汁(つぼの汁)というようになったといいます。家庭によってつぼは焼き物だったり木の椀だったりさまざまです。お祝いごとや仏事、普段の食事でも食べられています。

協力=澁谷雅代、北御門逸女
著作委員=原田香

撮影/戸倉江里

<材料> 4〜5人分

大根…2cm(60g)
にんじん…3cm(30g)
ごぼう…1/3本(60g)
┌里芋…2個(100g)
└塩…大さじ1
こんにゃく…1/4枚(70g)
焼き豆腐…1/4丁(80g)
ちくわ(またはかまぼこ)…40g
干し椎茸…2〜3枚(10g)
鶏もも肉…80g
┌いりこ…20g
└水…5カップ
うす口醤油、みりん…各大さじ3
塩…少々

<つくり方>

1 干し椎茸はひたひたの水で戻す。戻し汁はとっておく。
2 里芋は皮をむき、塩もみしたらよく洗ってぬめりをとる。
3 分量の水を鍋に入れ、いりこでだしをとる。
4 具材をすべて1cm大の乱切りまたは角切りにする。
5 3に大根、にんじん、ごぼう、里芋、こんにゃく、鶏肉、椎茸、椎茸の戻し汁を加える。沸騰するまで中火、沸騰後は弱火にし、火が通るまで煮る。
6 豆腐とかまぼこも加えてさらに煮て、火が通ったら醤油とみりんで調味し、最後に塩で味を調える。

撮影／高木あつ子

〈群馬県〉えびす講

ざく煮

えびす講や節分などにつくる祝いの汁で、大根、にんじん、ごぼう、里芋などを大きく切り、昆布だしで煮こんで汁とともにいただきます。じっくりと煮た根菜のおいしさが溶けこんだ濁りのない汁は、寒い季節のごちそうです。

えびす講の日には「今日はおざく煮よ」と祝い膳がつくられます。新米を炊き、ざく煮、尾頭つきのさんま、野菜のかき揚げ、煮豆など、海のものと山のものを使った料理を用意して、家に祀《まつ》られているおいべっ様（恵比寿様）と大黒様にそれぞれお供えします。下げるお膳は福の詰まった福膳と呼ばれ、お膳を買いとらせていただくという意味合いで、白い紙に包んだお金を供え、一年の豊穣を祈ります。

収穫した新鮮な根菜を使い、その年の実りを味わうえびす講に対し、節分では、冬の間保存していた野菜を立春前夜に食べきるようにとつくります。結婚式では祝い膳の一品にもなります。けんちん汁と似ていますが、具を炒めないので夫婦が〃水と油〃になりません。

協力＝田中妙子、冨永光江、星野マサ江
著作委員＝阿部雅子、綾部園子

<材料> 4人分

ごぼう…25cm（100g）
里芋…4個（300 g）
こんにゃく…1枚（350 g）
椎茸…5個（100 g）
にんじん…小1本（130 g）
大根…1/3本（200 g）
さつま揚げ…1枚
ちくわ…2本
昆布…10cm
水…5カップ
醤油、みりん、酒…各1/4カップ
砂糖、塩…各小さじ1

<つくり方>

1 ごぼう、里芋は洗って皮を除き3〜4cm大の乱切りにし、下ゆでする。
2 こんにゃくも3〜4cm大の乱切りにし、下ゆでする。
3 椎茸は半分に切る。にんじん、大根は3〜4cm大の乱切り、さつま揚げとちくわも乱切りし、熱湯をかけて油抜きをする。
4 鍋に分量の水と2cm長さの短冊に切った昆布、1〜3の材料を入れて煮る。このときぐらぐら煮立たせないこと。
5 野菜がやわらかくなったら調味料を加えてひと煮立ちさせ、汁とともに器に盛る。

◎神様に供えるざく煮は汁が濁らないよう静かに煮る。

〈神奈川県〉

えびす講料理

平野部で水田が広がる伊勢原市小稲葉《こいなば》では、11月20日はえびす講です。1月から働きに出ていた恵比寿様と大黒様が家に戻られる日なので、2人分の料理やお酒を床の間に用意し、この一年に感謝し、来年の豊穣と繁栄を願います。

お供えするのは赤飯とけんちん汁、尾頭つきの魚、なます、煮しめ、煮豆、みかんです。野菜はその季節にとれた地のものを使い、煮しめには見通しがいいようにと穴のあいたちくわとれんこんを入れます。煮豆は正月が黒豆なので、えびす講は落花生を煮ます。家庭によってはうずら豆にするそうです。正月のように特別な食材ではなく、家でとれたものを日常と同じ味つけにして、1日お供えしたあとに家族でいただきます。

恵比寿様と大黒様はそのまま床の間で正月を越し、正月にはお神酒とお雑煮を供えます。その後は台所にある恵比寿様専用の棚に納めます。1月20日に働きに旅立たれます。それから11月20日までは扉は閉めたままにしておきます。

協力＝柏木菊江
著作委員＝増田真祐美

お煮しめ

＜材料＞4人分

- 里芋…500g
- 干し椎茸…6枚
- こんにゃく…1枚
- にんじん…1本
- 昆布…20cm長さ5本
- ちくわ…2本
- だし汁（昆布とかつお節）
  …適量（材料がかぶる程度）
- 酒、砂糖…各大さじ2
- 塩…小さじ1/2
- 醤油…大さじ3
- みりん…大さじ2

- れんこん…150g
- 水…適量（かぶる程度）
- 酢…大さじ1
- 砂糖…大さじ1
- みりん…大さじ1と1/2
- 塩…ひとつまみ

さやいんげん
…50g（さやえんどうでもよい）

＜つくり方＞

1 里芋は皮をむき丸く切り、下ゆでをする。椎茸は戻してそぎ切り、こんにゃくは1cm程度の厚さに切り手綱結び、にんじんは1.5cm程度の厚さに切り花形に切る。昆布は水で戻し結ぶ。ちくわは斜め切りにする。

2 鍋に1の材料とだし汁を入れて火にかけ、調味料を順番に加える。沸騰したら落とし蓋をして30分ほど煮る。味見をして最後に、香りづけの醤油を少量（分量外）加える。

3 れんこんは半月切りにして酢水につけ、ここに砂糖、みりん、塩を加えてさっと煮る。

4 2と3を皿に盛りつけ、ゆでたさやいんげんを彩りに添える。

左／木像の恵比寿様と大黒様を飾り、けんちん汁、落花生の煮豆、お煮しめ、なます、赤飯、地元の酒、みかんを供える。みかんはへたが下。左側の一升枡にはお金を入れ、お金が増えたお礼と、枡いっぱいにお金を増やしてほしいとの願いをこめる。手前には2尾の鯛を腹合わせにして供える

赤飯

もち米の重さの15％のささげを一度ゆでこぼし、ささげの6倍量の水を加えて15〜20分ゆでる。冷ましたゆで汁に洗ったもち米を5〜6時間浸す。もち米にささげを混ぜ、強火で40分蒸す。途中、2〜3回ふり水をする。桶などに移して冷まし、器に盛り、ごま塩をふる。詳しくは『どんぶり・雑炊・おこわ』p88を参照。

けんちん汁

にんじん1本と大根1/3本をいちょう切り、ごぼう1本を輪切り、里芋を角切り、長ねぎを小口切りにする。油揚げを短冊に切り、油抜きをする。これらの材料を油大さじ3で炒め、だし汁3カップとだしに使った昆布を加え、野菜がやわらかくなるまで煮る。豆腐1/2丁を手でくずして入れ、醤油大さじ3で調味する。4人分。

なます

大根1/2本、にんじん小1本をせん切りにし、塩小さじ2で塩もみする。少しおき水けが出たらしぼって砂糖大さじ3、酢大さじ4で調味する。ゆずの皮のせん切りを散らす。4人分。

落花生の煮豆

皮つき落花生（乾燥）300gを一晩水につける。水を替え、やわらかくなるまでゆで、砂糖150gと醤油小さじ2を加えて煮る。

撮影／五十嵐公

〈栃木県〉梵天《ぼんてん》祭り
鮎のくされずし

鮎のくされずしは宇都宮市郊外にある羽黒山の梵天祭りにつくられます。市内の上河内《かみかわち》地区では鬼怒《きぬ》川が流れ、大量の鮎がとれました。その保存法である鮎の塩漬けを使ったくされずしが生まれ、秋に行なわれる梵天祭りの供えものや客人へのふるまいになったことで、受け継がれてきました。

塩漬けした鮎と大根を刻んでご飯に混ぜる珍しいつくり方です。大根はかさ増しで米を節約したり、根菜を加えることで乳酸発酵を促進するなどのメリットが考えられます。熟成期間は約10日間と短めで、他の地域のなれずしよりも発酵が早く進みます。漬けても寒くて水が上がらないときは毛布などで桶を包み保温しました。

家の味を受け継いで全体を仕切るのは、一家の主の役目です。昔からこれが梵天祭りのなによりのごちそうで、今でもこれを楽しみにしている家族や知人が多いそうです。他にもけんちん汁や手打ちうどんなどをふるまい、親戚や知人が大勢集まりました。

協力＝笹沼隆徳、鮎のくされずし伝承グループ　著作委員＝藤田睦、名倉秀子

<材料> 1.5升用の専用のすし桶1台分

米…1.5升
大根…1.5kg
アユ（塩漬けしたもの）
…約10尾（750g）

アユの塩漬けのつくり方

アユを背開きにして内臓を除いて洗い、約30％重量の塩をふり3カ月ほど塩漬けをする。
アユをかめに10尾並べて塩をふり、また次のアユを並べて塩をふり、漬けこんでいく。空気が入らないようにしっかりと重しをする。

<つくり方>

【本漬け】

1 米1.5升をといで30分浸水してから炊く。水加減はすし飯くらい。
2 炊けたご飯はザルにとり、流水でサラサラになるまで粘りを洗う（写真①、②）。
3 塩漬けしたアユ（写真③）をよく洗い、表面についている塩分を落とす。アユの頭と骨を除いて尾びれ、背びれをとり（写真④、⑤）、縦半分に切り、さらにひと口大に切る（写真⑥）。何尾かは飾り用にそのままとっておく。
4 大根は皮をむき、丸い輪切りにして繊維を断つように太めのせん切りにする（写真⑦）。しんなりするくらいの塩をふり（分量外）よくもみこみ、水けをしぼる。
5 大きな鉢にご飯を入れ、大根とアユを加えて混ぜる（写真⑧）。
6 漬けこむすし桶はよく洗い、熱湯をかけてよく乾かしてから使用する。桶にポリ袋を敷いて5をよく押しながら固めて入れる。祭礼用には上に飾り用のアユをのせる（写真⑨）。しっかりと密封し、60kgくらいの重しをのせて8〜9日間おく。保存場所は日の当たらない納屋や専用の部屋で、温度は18〜20℃前後が最適。

【仕上げ】

7 独特のにおいを発するようになっていればよい。蓋を押さえた状態で桶を逆さにして（逆さぶつ）重しをのせて2日間、水けをきる。すし桶を表に返してすしをとり分ける。
8 大皿にくされずしを盛り、飾り用のアユを上にのせる。

①

②

③

④

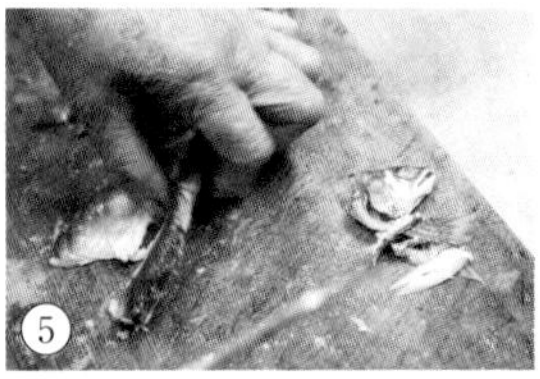
⑤

⑥

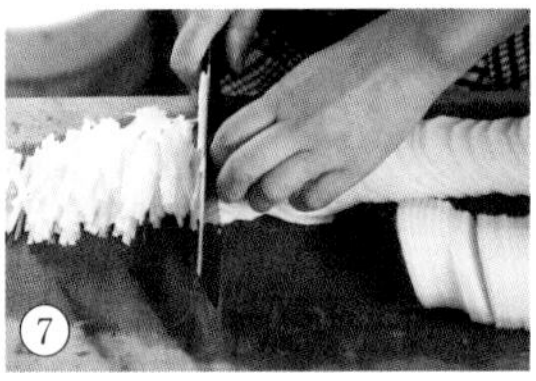
⑦

⑧

⑨

撮影／五十嵐公

〈福井県〉

報恩講《ほうおんこう》の料理

福井県は昔から真宗王国と言われるほど浄土真宗がさかんです。その宗祖、親鸞聖人《しんらんしょうにん》の遺徳に感謝する報恩講をはじめ、さまざまな行事のあとにみんなで食事をする「お斎《とき》」があります。一般的にはお斎は葬儀や法事でふるまわれる食事を指すことが多く、故人の供養のためと考えられているようです。浄土真宗のお斎は故人を偲《しの》ぶためではなく、今、生かされている私たちがともにお念仏を喜ぶ機縁となる会食です。宗祖や祖先と同じお念仏に生かされていることに感謝し、いのちを支えてくれている他のいのちに感謝する「感謝の精進料理」です。門信徒が育てた野菜や穀物を持ち寄り、心をこめてつくった料理を分かち合うことこそ浄土真宗のお斎の真髄で、地域の産物でつくるその土地独特のお斎は信仰の結晶ともいえるものです。

福井市は油揚げ・がんもどきへの支出額が都道府県庁所在地の1位で（総務省家計調査・1963年から56年連続）、ここで紹介する寺院のお斎でも、がんもどきが主菜的な位置を占めています。

協力＝千福寺　著作委員＝森恵見

がんもどきと野菜の炊いたの

＜材料＞4人分

がんもどき…4個
大根…8cm
里芋…4個
A
- だし汁（昆布）…4カップ
- 砂糖…小さじ2
- みりん…大さじ2
- 酒…大さじ3
- 醤油…大さじ3

干し椎茸…4枚
B
- 椎茸の戻し汁…1カップ
- 砂糖…小さじ2
- 醤油…小さじ2
- みりん…小さじ2

さやえんどう…4枚

＜つくり方＞

1 がんもどきは熱湯で油抜きをする。大根は皮をむき、4枚の輪切りにして、やわらかくなるまで下ゆでする。里芋は、皮をむき塩でもんだあと、流水でぬめりを流し、下ゆでする。
2 1とAを鍋に入れ、煮立つ前に弱火にし、30〜40分煮こむ。
3 十分に水で戻した椎茸は、別鍋にBとともに中火にかけ、沸騰したら弱火にして汁けがなくなるまで煮こむ。
4 さやえんどうはヘタとすじをとり、塩（分量外）の入った熱湯でゆでる。
5 2、3、4を器に盛りつける。

ぜんまいの煮物

薄揚げは油抜きし短冊切り、にんじんは拍子木切り、戻したぜんまいは3cm長さに切る。ごま油でさっと炒め、だし汁、醤油、みりん、砂糖を加えて汁けがなくなるまで煮こむ。

麩の辛子和え

角麩は水で戻し4等分に切り、水けをしぼる。きゅうりは小口切りして塩もみし、水けをしぼる。熱湯で練った地がらし（福井特産の粗びきの粉辛子）と砂糖、酢を混ぜた味噌で和える。詳しくは『肉・豆腐・麩のおかず』p115参照。

きゅうりの酢の物

きゅうりは輪切り、赤かぶはせん切りにして塩をする。水けをしぼり、酢、砂糖、だし汁、塩、醤油で調味し、せん切りのしょうがと和える。

すこ

赤ずいきの薄皮を除き、4cm長さに切って酢水につける。酢少々を加えた湯で2〜3分ゆで、水にさらしてからザルに上げ、水分をしぼる。甘酢で和え、10分ほどおいて味をなじませる。詳しくは『野菜のおかず　秋から冬』p81参照。

おからコロッケ

おからを使った精進のコロッケ。

小豆の煮物

小豆は一度渋きりをしてから1時間ほど煮て、やわらかくなったら水を捨て、砂糖と塩を加えて豆をつぶさないようによく混ぜる。

むかごのごま和え

むかごはよく洗い、砂糖、塩、酒を入れた湯でやわらかくなるまでゆでる。黒ごまペースト、砂糖、醤油、みりんを混ぜた衣をからめる。

◎他に冬瓜と薄揚げの味噌汁がついた。

本堂でおつとめと法話の間、厨房ではお斎の準備が続く

おつとめと法話を終えて、広間でのお斎は親睦の場となる

奥左から時計回りにきゅうりの酢の物、麸の辛子和え、がんもどきと野菜の炊いたの、ぜんまいの煮物、むかごのごま和え、小豆の煮物、おからコロッケ、すこ

撮影／長野陽一

本堂で読経と讃仏歌を歌うおつとめのあと法話を聞く(法座)。この寺では3日間の報恩講で6回の法座を開く(2019年撮影)

〈福井県〉報恩講

里芋と小豆の煮物

　親鸞聖人が小豆が好きだったと伝わることから、全国的に、報恩講では必ずといっていいほど小豆の料理が出されるようです。これは県北部の嶺北地域の報恩講料理で、嶺北は里芋の産地でもあることから、里芋と小豆を合わせています。いもと豆を一緒に炊く場合と、煮たいもを小豆がけにする場合があります。小豆の煮方も、皮が破れないようにする人もいれば、とろとろに仕上げる人もいます。甘さは控えめで、小豆と里芋の一体感をおいしく味わえる一品です。「つぼ」と呼ばれる器に入れることが多いので、この料理自体を「つぼ」と呼ぶこともあります。

　冬至に中風（脳卒中）にならないようにとかぼちゃと小豆の煮物を食べますが、嶺北では里芋と小豆でつくることもあります。このときはかぼちゃや里芋が主で小豆は少なめですが、報恩講では小豆がたっぷりと入っている印象になります。親鸞聖人の好きな小豆料理の一種としてつくられてきたことがわかります。

協力＝高島純子、増永初美、水野よし江、野村邦子　著作委員＝佐藤真実

撮影／長野陽一

<材料> 4人分

小豆…50g
水…適量
砂糖…30g
塩…小さじ1/4

里芋…小6〜8個（200g）
水…適量
砂糖…10g
塩…小さじ1/4
醤油…小さじ1/4

<つくり方>

1　小豆は洗って、鍋に入れ、たっぷりの水で火にかける。煮立ったら、水を捨てる（渋切り）。
2　1にたっぷりの水を加え、中火で60分ほど煮る。途中、数回、水を加える（びっくり水）。小豆がやわらかくなったら砂糖、塩を入れ、水けがなくなったら火を止める。
3　皮をこそげ食べやすい大きさに切った里芋は、別の鍋に入れ、里芋がかぶるくらいの水を入れる。
4　調味料を少し（1/3量程度）加え、調味料が溶けて見えなくなって5分から10分おきに少しずつ調味料を加える。全体で30分ほど加熱するが、里芋がやわらかくなり、かつ水けもなくなるように調整する。
5　4の里芋に2の小豆をかける。

◎調味料を一気に加えると里芋がかたくなり、焦げやすくなる。

〈福井県〉報恩講

ぜんまいの白和え

報恩講の精進料理のひとつです。「大豆和え」「お和え」とも呼び、ゆでた大豆をすった衣でつくる和え物です。大豆は食感を生かすためにある程度粒の残るすり加減にする人もいれば、なるべく大豆の粒が残らないようにする人もいます。豆腐をすった衣で和えることもあります。やわらかく戻したぜんまいと和え衣の舌触りがマッチして、ぜんまいが含んだだしと大豆の風味で上品な味になります。

ぜんまいはいまや高級食材です。毎年、春になると家ごとに決まった場所にぜんまいをとりに行きますが、山奥のことが多く危険な思いもしながらの採取です。しかも環境の変化やとりに行く人の高齢化でなかなかとれにくくなっています。やっととってきたぜんまいを干して秋まで大事に保存しておくので、ぜんまいの白和えは貴重なごちそうです。かつては法事の席などでも出されましたが、近年は法事に精進料理を出すお寺は少ないので、報恩講のときに食べる料理という印象になっています。

協力＝一乗ふるさと料理クラブ
著作委員＝佐藤真実、谷洋子

撮影／長野陽一

＜材料＞ 8〜10人分

干しぜんまい…35〜40g（戻して約200g）
大豆…2カップ
A ┌だし汁…1/2カップ
　 │砂糖…小さじ1
　 └醤油…大さじ2
B ┌砂糖…大さじ2
　 └塩…小さじ1/2

＜つくり方＞

1. 干しぜんまいは熱湯につけて、自然に冷めたら流水につけて一晩おく。大豆はたっぷりの水で一晩戻す。
2. 翌日、ぜんまいをよく洗って、3cm長さ程度に切る。Aで下味をつけるように煮含めて、冷ます。
3. 大豆はかために約20分ゆでて、すり鉢でよくする。
4. 大豆のゆで汁を加えながら、味噌くらいのかたさになるまで混ぜる。Bで味つけをする。
5. **2**のぜんまいの汁けをきり、**4**と混ぜ合わせる。

〈富山県〉報恩講

山菜の煮物

県南西部で飛騨山地の北端にあたる五箇山《ごかやま》地方は、現在は南砺市に含まれますが、砺波平野とは急峻な山地によって隔絶されています。山々に囲まれ平坦地は乏しく、生活の場は山腹のゆるやかな斜面です。わらでしばって持ち歩くことができるほどかたい五箇山豆腐が有名で、山腹を利用した赤かぶの栽培と赤かぶ漬け、山菜の収穫とその保存食やそばの栽培とそばがきなどが受け継がれています。

報恩講は、10月中旬から11月に家々で行なわれ、親類など大勢の客を呼ぶので、日時が重ならないように調整します。山菜の煮物は報恩講の料理に欠かせないお平(煮物)で、地元でとれる豊富な山菜や五箇山豆腐などを、昆布を敷いた中で薄味でゆっくり煮しめます。他には小豆と根菜類を煮たいとこ煮、干しわらびを戻し、ゆでた大豆をつぶした衣で和えたじんだ、赤かぶの酢の物など山村らしい料理が膳に並びます。祭りでもつくられる料理であり、めでたい場では赤巻きかまぼこも加えられます。

協力＝中谷菫枝
著作委員＝守田律子、深井康子、中根一恵

<材料> 4人分

干しぜんまい…50g
すすたけ(根曲がり竹)(塩漬け)…10本
うど(塩漬け)…1本
干し椎茸…4本
ごぼう…1本
五箇山豆腐…1/2丁
豆腐下味用汁
- 砂糖…大さじ1/2
- 醤油…大さじ1/2
- みりん…大さじ1/2
- 水…3カップ

昆布(だし用・羅臼昆布)…50g
水…適量
調味料
- 塩…小さじ1
- うす口醤油…大さじ1
- 砂糖…大さじ2
- みりん…大さじ1

赤巻きかまぼこ…100g

<つくり方>

1 干しぜんまいは水から入れ、沸騰後火を止め、一晩そのままおき、水でよく洗い、やわらかく戻す。
2 すすたけとうどは一晩塩出しし、水で洗う。
3 干し椎茸は水で戻す。
4 ぜんまい、ごぼう、うどは食べやすい5cmほどに切り、ぜんまいは、かんぴょう(分量外)でしばる。
5 豆腐は湯通ししてひと口大に切る。下味用の汁をひと煮立ちさせ一晩つける。味がなじみ豆腐にすが入りにくくなる。
6 昆布を敷いた鍋に五箇山豆腐以外の材料を入れ、浸る程度の水を加えて煮る。

撮影／長野陽一

7 野菜に火が通ったらアクをとり、調味料を入れサッとひと煮立ちさせ、豆腐を加えて弱火でしばらく煮る。味がしみこんだら火を止める。
8 赤巻きかまぼこを1cmくらいの厚さに切り、6とともに盛りつける。

＜材料＞ 5人分

大根…4cm（150g）
にんじん…1/4本（40g）
里芋…4個（200g）
ごぼう…1/4本（40g）
こんにゃく…2/3枚
厚揚げ…2/3枚
小豆…100g
だし汁（昆布10cm使用）…3カップ
砂糖…大さじ1/2
醤油…大さじ2
塩…小さじ1/2
みりん…大さじ1

＜つくり方＞

1 大根、にんじん、里芋は皮をむく。大根、にんじんは1.5cm角のさいの目切りにする。里芋は大きさにより2つから4つに切りさっとゆで、ぬめりをとる。
2 ごぼうは皮をこそげ、1.5cmの長さに切り、水につけてアク抜きをする。
3 こんにゃくは下ゆでし、厚揚げは湯通しをして1.5cm角のさいの目に切る。
4 小豆は、一度湯を捨て渋抜きをし、水を加えてかためにゆでる。
5 大根、にんじん、ごぼう、こんにゃくをだし汁の中へ一度に入れ、やわらかくなるまで煮る。
6 5に里芋、厚揚げ、小豆を入れて煮る。里芋と小豆が好みのやわらかさになったら調味料を入れて味を調え、ゆっくりと味がしみこむまでよく煮含める。

◎小豆が胴割れしたり煮くずれると見た目が悪いので、煮すぎないようにする。

◎一度冷めたものを煮返すと、よりいっそうおいしくなる。

撮影／長野陽一

〈富山県〉報恩講

にざい

にざいは黒部市など県東部の下《しも》新川《にいかわ》地方で報恩講や収穫祭などでつくられる、小豆や野菜を入れた具だくさんの煮物です。いとこ煮とも呼ばれますが、県内の他の地域のいとこ煮よりも、材料の切り方がやや大きめです。

「にざい」は「煮た菜」のことだといわれます。「いとこ煮」も、いとこのような間柄の材料を煮こむから、かたい材料から順においおい（甥甥）煮こむから、あるいは親鸞聖人の好物だった小豆を入れ、遺徳をしのぶので「遺徳煮」がなまったのでは、などさまざまな説があります。材料をさいの目に切るのは、親鸞聖人の歯に似せるためと聞かされていた人もいます。

たくさんの野菜を煮こんだにざいは、寒い季節に体を温めてくれる滋養豊富な郷土料理です。上手につくる人は材料をそろえて切ることに気を配ります。煮るときは鍋のそばを離れず、決してかき混ぜず丁寧に味を含ませるので、大鍋で60人分つくっても、煮くずれもなく美しく仕上げます。

協力＝東秋子
著作委員＝深井康子、守田律子、原田澄子

〈岐阜県〉報恩講

ほんこさま料理

浄土真宗の宗祖・親鸞聖人の恵みに感謝する法要、報恩講を白川郷では親しみをこめて「ほんこさま」と呼びます。11月上旬から12月に行なわれるほんこさまは、冬の一大行事。親戚や近所の人を家に招き、お坊さんの読経のあと、お斎《とき》として心づくしの料理でもてなします。

料理の準備は、その年の春から始まります。ふきやうど、わらびやあまな、姫たけのこなど春の山菜は、長い冬が終わった喜びとともに愛されてきた食材で、収穫した中でとくによいものをほんこさま用に保存しておきます。ずっしりと重くてかたい石豆腐は昔から大切なたんぱく質源で「食材の王様」。他にも山でとったきのこ類や栗や柿、なつめ、家で育てた野菜などもふんだんに使い、各家自慢の料理をつくります。

冬場は積雪が2mを超え、厳しい寒さに見舞われる白川郷は、昔から人々のつながりが強く、信仰心の厚い地域です。年の終わりにほんこさま料理を皆で囲むことで一年の無事に感謝してきました。

協力＝川淵佐栄子　著作委員＝堀光代

◎以下はお膳左上のちゃつの料理。約30人分の用意をした際の分量。

ふきの白和え

塩漬けのふき1kgを水からゆで、ザルにあげる。ボウルに入れ、一晩流水で塩を抜く。長さをそろえて切る。再度鍋に入れ、たっぷりの水を加えて火にかけ、ゆでこぼす。同じ鍋に水をひたひたに加え、昆布だし2と1/2カップ、みりんとうす口醤油各1/4カップを入れて火にかける。ひと煮立ちしたら火を止める。そのまま冷めるまでおいて味をしみこませる。豆腐1/2丁を3等分に切ってゆで、ザルにあげて水をきる。豆腐と砂糖大さじ2、うす口醤油大さじ3をすり鉢に入れてする。ふきの汁けをきって入れ、混ぜ合わせる。

おはんべ

ほんこさま用の石豆腐(普通の豆腐より大豆の量が多く、かたくずっしりとした豆腐)を50枚(1枚が9×17×1.5cmほどの大きさ)用意する。大鍋に昆布2枚を敷き、豆腐25枚を敷き詰め、ひたひたになるまで水を入れる。酒90mℓ、みりん90mℓ、醤油180mℓと好みで砂糖大さじ2を入れ、沸騰して10分ぐらい煮る。そのあと一晩おいて味をしみこませる。翌日朝に再度鍋に火を入れ、5分ほど沸騰させ、水けをきる。これを2回分つくる。

あまなのえごま和え

干したあまな*100gを水からゆで、ザルにあげる。ボウルに入れ、一晩流水でアク抜きをする。鍋にあまなを入れて、ひたひたの水を加え、椎茸の戻し汁1/2カップ、昆布1枚、醤油1/2カップ、みりん1/4カップを入れて煮る。冷まして水をきる。えごま150gをフライパンで炒って、何回かに分けてすり鉢でよくすり、一旦とり出す。砂糖大さじ2、醤油大さじ3をすり鉢に入れ、少しすってからえごまを戻して混ぜる。あまなを加えて和える。

*ツリガネニンジン。白川郷で春から初夏にかけて食べられている山菜で、茎のてっぺんを折ると白くて甘い汁が出るのであまなと呼ばれている。

白川郷のほんこさま料理

白川郷のほんこさま料理では、お膳に汁ものとご飯の他、「ちゃつ」「へら」「ちょく」と呼ぶ漆器に料理が盛りつけられる。お膳の隣に置かれる「皿もり」にも通常7種ほどの料理を盛るが、聞き書きした家庭では、20種もの料理を盛りつけていた。

写真の皿もり料理の上から時計回りに、栗きんとん、山うどの煮しめ、赤かぶと藤の花の酢の物、ヤーコンと紫さつまいもの天ぷら、ヤーコンとにんじんのきんぴら、干し柿、姫たけの煮物、煮たナツメ、しょうがとわらびの和え物、小豆菜のえごま和え、ゆでとうもろこし、つくしの炒め煮、こごみのえごま和え、こんにゃくの炒め煮。真ん中はみかん。下にゆで黒枝豆、大根の味噌こなし、椎茸の煮物、みょうがのごま油炒め、小豆と栗の寒天がためが入っている。

左／ほんこさま行事の様子。お坊さんの読経と説教のあと、「お斎」として家に来た親戚や知人を心づくしの料理でもてなす　下／親戚の人たちに手伝ってもらいながら料理を盛りつける

険しい山々に囲まれた白川郷。
合掌造りの家が並ぶ

お膳の中身は以下の通り。左上：ちゃつ（ごぼうとにんじんの煮物、ふきの白和え、あまなのえごま和え、干しわらびの煮物、おはんべ）、右上：へら（里芋の煮物、さつまいもの煮物、舞茸とむきたけの煮物、おはんべ）、中央：ちょく（きくらげとくるみの白和え）、左下：白ご飯、右下：汁椀（豆腐となめこの汁）。お膳の右はもちと「皿もり」。その下は志の箱入りの砂糖

撮影／長野陽一

〈愛知県〉報恩講
お講大根

お講大根は、尾張地方で報恩講や法事、葬式などの人寄せをはじめ、普段のおかずとして食べられてきた大根と油揚げの煮物です。お講のときは近所の檀家が中心になって料理をつくって寺に届け、集まった人々にふるまいました。地域によっては料理の持ち寄りは各家庭の味の品評会のようなもので、代替わりの際に姑が嫁の腕を見せる場としたり、檀家の次世代への味の伝承の役割も兼ねていました。

家で食べるときは、早く煮えるようにと小さめに切ったりしますが、人寄せのときは5cm以上の厚さに切って煮ます。見栄えがよく手間を省くことができるからで、また、冬の大根は甘くてやわらかく、大きく切って煮るととてもおいしいものです。下ゆでには大量の湯を使うので、人寄せでたくさんつくるときは、愛知県内で「はそり」と呼ばれる大鍋を使いました。端が反り返っている陣笠に形が似ている鍋で、屋外で専用のかまどにのせて使います。はそりで3升ものご飯を炊くこともありました。

協力＝家田志保子、内藤秀子
著作委員＝石井貴子、加藤治美

撮影／五十嵐公

＜材料＞ 4人分

大根…10〜12cm
米のとぎ汁…大根が浸る程度
油揚げ…4枚
だし汁（昆布やかつお節）…1ℓ
砂糖…大さじ2
醤油…大さじ2〜4
塩…小さじ2/5
酒…大さじ2

＜つくり方＞

1 大根は5〜6cmの長さに切って皮をむき、縦半分に切る。
2 鍋に大根を入れ、米のとぎ汁を注いでやわらかくなるまでゆでる。米のとぎ汁がないときは、水に米少量を加える。
3 油揚げは三角に切り、油抜きをする。
4 だし汁を調味し、大根と油揚げを加えてことことと味を含ませるように煮る。

撮影／長野陽一

<材料> 6人分

大根…1本（1500g）
にんじん…2/3本（100g）
油揚げ…1枚（10g）
煮干し…30g
青ねぎ…30g
味噌…15g
白ごま…30g
砂糖…30g
酢…50mℓ

<つくり方>

1 大根、にんじんは皮をむき、別々に鬼おろし器でおろす。大根はザルにあげ、汁けをきる。
2 油揚げは油抜きをせずに細かく切る。煮干しは頭と腹わたをとらずにそのまま細かく切る。ねぎは小口切りにする。
3 すり鉢に炒ったごまを入れてすりつぶす。これに味噌、砂糖、酢を加えてさらにすり混ぜる。
4 **1**の大根、にんじんに**2**を加え、**3**と混ぜ合わせる。

鬼おろし器で大根をおろす。鬼おろし器はガタガタおろしとも呼ばれる。木の枠に竹でつくったギザギザの刃がついている

〈三重県〉山の神

ガタガタおろし

松阪市嬉野は雲出《くもず》川の支流である中村川に沿った東西に細長い地域です。その西側に位置する合《ご》ヶ《が》野《の》町地区では、12月7日に山の恵みに感謝し祠《ほこら》を建ててお参りする「山の神」が行なわれ、その際、集まった人たちにガタガタおろしがふるまわれました。大根とにんじんを鬼おろし器でおろし、油揚げ、煮干し、ねぎを加え、味噌味の衣で和えます。酸味がきいて食べやすい、さっぱりした味です。鬼おろし器でおろした大根は粗く、水分や風味、シャキシャキ感が残ります。市販されていますが、手製のものを使っている家もあります。今は住民の高齢化で集まってつくる機会がなくなり、冬になると食べたくなる懐かしい料理となっています。

県内には同様の、ガリガリおろし（三重郡菰野《こもの》町《ちょう》下野《しもの》）やガラガラおろし（鈴鹿市下大久保町）があり、仏事や人が集まる機会につくられていますが、材料やつくり方はそれぞれ異なっています。

協力＝中山チハル、前野妙子
著作委員＝久保さつき

〈山形県〉

大黒様のお歳夜《としや》のお膳

庄内地方には、江戸時代中期から続く「大黒様のお歳夜」という行事が12月9日にあります。大黒様（大黒天）は、作物や財福を司《つかさど》る神様です。庄内民俗学会の春山進氏によると、昔は神仏も一年ずつ歳をとると考えられていたことから大黒天の年取りの祭り、つまり誕生日がお歳夜となります。また、大黒天が嫁を迎える日という説もあります。

当日は神棚や床の間に掛け軸や置物を飾り、その前にお膳にのせた豆づくしの料理と、まっか大根（二股《ふたまた》大根）、米炒り、ご神酒を飾ります。掛け軸などは各家庭に代々伝わっているもので、商家では恵比寿天とセットで飾ります。料理には五穀豊穣と子孫繁栄を願って「まめに暮らす、まめに働く」を意味する黒豆や豆腐、味噌などの大豆加工品と子持ちはたはたの田楽などを用います。現在ではすべてを手づくりする家が少なくなり、市販のお供えセットを購入する家庭も増えていますが、そうしてまでもこの行事が大切に守られています。

協力＝佐藤勝也・孝子、佐藤英俊・由紀子、佐藤光啓・めぐみ　著作委員＝平尾和子

納豆汁

〈材料〉4人分（以下の料理も同じ）

納豆…100g
豆腐…1/2丁（150〜180g）
こんにゃく…1/2枚（150g）
もだし*（なめこでもよい）…80g
塩わらび…80g
いもがら…10g
せり（または青ねぎ）…50g
だし汁（トビウオの焼き干しまたは昆布）…4カップ
味噌…50g
酒…大さじ1

*ナラタケ。庄内では、もだしと呼ばれる。

〈つくり方〉

1 納豆はすり鉢に入れ、粒が見えなくなるまでよくすりつぶし、酒と味噌を入れてさらにすってどろどろにする。
2 ゆでてアク抜きしたこんにゃくと豆腐は1cm角に切る。もだしは塩漬けの場合は塩出しをする。なめこであれば水洗いする。塩わらびも塩出しし、2cmの長さに切る。いもがらは熱湯で戻し水に入れてアクを抜き、1〜1.5cmの長さに切ってしぼる。
3 だし汁にこんにゃく、もだし、わらび、いもがらを入れて煮る。沸騰したら火を止め、1を入れ、最後に豆腐を入れて温める。
4 2cmの長さに切ったせり、または刻みねぎをのせる。岩のりをのせてもよい。

黒豆ご飯

米2カップを炊く1時間前に洗い、水加減をして浸漬する。フライパンで黒豆50gを皮が切れる程度に炒ってから、軽く水洗いする。米と水が入った炊飯器に黒豆、酒大さじ1と塩小さじ1/3を入れ、混ぜて炊く。

はたはたの田楽

ハタハタ（子持ち）8尾はエラのところから内臓をとり、水洗いする。裏面を6分ほど焼き、裏返して4分ほど焼く。素焼きしたハタハタに田楽味噌を塗る。グリルかバーナーで焦げ目をつけてもよい。田楽味噌は味噌100g、砂糖40〜50g、酒大さじ4を鍋に入れて混ぜ、中火で5〜6分練る。

黒豆なます

大根500gをおろし、ザルでおろしとしぼり汁に分ける。麺棒や木づちでたたいた黒豆30gを大根おろしのしぼり汁と酢180mℓで煮て、好みのかたさになったら火を止める。砂糖80gと塩小さじ1を加えて冷まし、大根おろしを混ぜる。詳しくは『いも・豆・海藻のおかず』p48を参照。

赤かぶ漬け

温海《あつみ》かぶ1kgを切り、酢150〜200mℓに砂糖120〜200g、塩20〜40gを溶かした甘酢に漬ける。かぶの約2倍の重しをのせ、2〜3日したら上下をかき混ぜる。10日ほどして全体が赤くなったら食べられる。詳しくは『漬物・佃煮・なめ味噌』p20を参照。

豆腐の田楽

豆腐1丁を4つに切り、ペーパータオルに包み、まな板の上に置いて軽い重しをかけて10分程度水きりする。オーブントースター（200℃程度）かグリルにしわをつけたアルミホイルを入れ、その上に豆腐をのせて5分ずつ両面を焼く。田楽味噌を大さじ1〜1.5ずつ塗る。さらに焼いて焦げ目をつけてもよい。豆腐の代わりに焼き豆腐や厚揚げを用いてもよい。

豆づくしのお膳と、まっか大根、米炒り（ポン菓子）、豆炒り、ご神酒などを供える。これが基本で地域や家庭で異なる。赤い膳がよいが、家にあるものを用いる。大黒様のお歳夜の行事は、庄内地方でも飛島（とびしま）では行なわれていない

左上から時計回りに、豆腐の田楽、はたはたの田楽、黒豆なます、納豆汁、黒豆ご飯、赤かぶ漬け

撮影／長野陽一

納豆もち

〈滋賀県〉スノウ講

関西では、もともと納豆はあまり食べられておらず、最近食べるようになったという人が多いですが、県南西端に位置する大津市の仰木《おおぎ》、坂本、千野《ちの》、伊香立《いかだち》などの地域では、昔から冬になると家庭で納豆をつくり、日常的に食べていました。とくに仰木では、今も12月のスノウ講や報恩講などでは、塩で味つけした納豆をもちにはさんだ納豆もちがふるまわれています。

スノウには、「集納」という字が当てられており、しめくくりの意味があるのかもしれません。当屋（当番）にあたった家では、親戚や近所の人に手伝ってもらい、早朝からもちをつき、お宮には1升の白もちを二段に重ねて稲わらすべ（稲わらの芯）と一緒に供え、手伝ってくれた人には約1尺（30cm）四方の平折敷《ひらおしき》に大きな納豆もちひとつと稲わらすべをのせて配りました。いただいたお家では、もちを稲わらすべで切って家族で分け合います。当時納豆もちは大ごちそうで、これがあればあとは粕汁と漬物くらいで十分だったそうです。

協力＝上坂与市、段浦洋子
著作委員＝久保加織

撮影／長野陽一

<材料> 8人分

もち米…4合（約580g）
納豆…4パック（120g）
塩…2g
きな粉…適量

<つくり方>

1 もち米をといで6時間以上水につける。
2 もち米をザルにあげ、水をよくきる。
3 蒸し器に蒸し布を敷いてもち米を入れ、蒸気の上がった蒸し器で50〜60分蒸す。
4 石臼と杵（またはもちつき機）でもちをつく。もちつき機を使う際はもちつき機でついたあと、石臼と杵でつくと繊維がつぶれてきめ細かな舌ざわりになる。
5 つき上がったもちは4個に分けてきな粉を敷いたもろぶたにのせ、平たい楕円形にのばす。
6 納豆に塩をふって粘りが出るまでよく混ぜる。もちの数に合わせて納豆を等分する。
7 楕円形にのばしたもちの奥半分に納豆を置いて広げ、納豆を置いていない手前側を持ち上げて2つにたたむ。
8 もちを皿に盛る。やわらかいうちに切り分けて食べる。

◎もち米を水につける時間は気温に応じて調節する。冬は2日前からもち米を水につける家庭もある。暖かい時期に長時間水につける場合には、途中で水をとり替える。

◎以前は写真のように大きくつくって切り分けて食べていたが、最近では普通の丸もちか少し大きいくらいのもちに納豆をはさんでつくることが多い。

撮影／戸倉江里

<材料> 4人分

A
- 鶏もも肉…200g
- 大根…1/4本
- にんじん…1本
- 里芋…中2個
- 干し椎茸…2枚
- こんにゃく…1/2枚

椎茸の戻し汁＋水…500mℓ程度
うす口醤油…大さじ2
みりん…大さじ2

<つくり方>

1 椎茸を水で戻す。
2 Aを1cmの角切りにする。
3 大根、にんじん、里芋、椎茸、こんにゃくを鍋に入れ、椎茸の戻し汁と水を加えて煮る。水の量は材料がひたひたにかぶるくらいに調節する。
4 煮立ったら鶏肉を加えて煮る。
5 鶏肉に火が通ったら調味料を加えてさらに煮る。アクが出たらその都度とる。材料がやわらかくなり、味がしみたら火を止める。

のっぺ

〈熊本県〉もみすりのしまい祝い

秋口から春先にかけて、正月や祭り、法事などの人寄せがあるときにつくられる具だくさんの汁ものです。地域によってはのっぺ汁とも呼ばれます。味つけは醤油とみりんだけとシンプルで、あっさりしているのでたくさん食べられます。ごちそうの食べすぎで胃が疲れた正月などに、野菜がたっぷり入ったのっぺが喜ばれます。

12月上旬、もみすりが終わると農家では一年の農作業納めの意味をこめて「もみすりのしまい祝い」をしました。このときに決まって食べたのがのっぺです。材料をそれぞれ少なめに切ったつもりでも、合わせると大量になり、大鍋でないと入らなくなります。人が集まるときにはたくさんつくって何度も温め直して食べていました。寒くなってきた時期にのっぺを食べると体が温まりました。

入れる具材は家庭や地域によって異なり、厚揚げやちくわ、天ぷら(魚のすり身を揚げたもの)、かまぼこを入れるところもあります。法事や仏事のときは精進料理なので肉や魚を入れずにつくります。

著作委員＝秋吉澄子

のっぺい

〈奈良県〉春日大社おん祭り

奈良市は奈良時代に平城宮が置かれた古都で、シルクロードの終着点として天平文化が花開いた地です。盆地に位置するため、夏と冬で気温差が激しく、夏は暑く冬は寒い気候です。

のっぺいは、12月7日に奈良の春日大社のおん祭りに食べられる、奈良市の代表的な行事食です。のっぺいと呼ばれる10㎝角の立方体の絹揚げを使うのが特徴で、昔はおん祭りの日が近づくと、豆腐屋ではのっぺいが店先に並んでいました。今は絹揚げののっぺいを手に入れることが難しくなり、他の厚揚げ豆腐で代用してつくられています。おん祭りの日は雪が舞うとても寒い日であることが多いため、大ぶりの根菜類が入ったとろみがついたのっぺは、とても体が温まる一品です。

家庭によっては、具を煮ただしからつくったとろみが濃いあんを、具の上からかける形もあり、汁というより煮物のような料理をのっぺいと呼ぶこともあります。

協力＝丸岡栄美、稲田智子、大宮守人
著作委員＝喜多野宣子

<材料> 4人分

のっぺい…4個
子芋（里芋）…4個（150g）
大根…1/2本（300g）
金時にんじん…200g
ごぼう…1本（200g）
こんにゃく…1枚（200g）
だし汁（かつお節と昆布）*…4カップ
- うす口しょうゆ…大さじ3
- 酒…大さじ1
- 砂糖…小さじ1/2
- みりん…大さじ1
- 塩…少々

かたくり粉、水…適量
おろししょうが…大さじ1

*水1ℓに昆布はがき大、かつお節20gでだしをとる。昔は昆布だしを使っていたが、今は混合だしを使うようになった。

<つくり方>

1. のっぺいはザルにのせ、熱湯をかけて油抜きする。
2. 子芋は皮をむき、下ゆでする。
3. 大根は皮をむき、大きめの乱切りにし、米のとぎ汁で下ゆでする。
4. 金時にんじんは皮をむき、乱切りにする。
5. ごぼうは皮をこそげ、斜め切りにする。酢水につけ、ゆでる。
6. こんにゃくは三角形に切り、下ゆでする。
7. 鍋に**2**〜**6**を入れ、だし汁と調味料を入れて煮る。
8. 大根やにんじんに火が通ったら、水溶きかたくり粉を入れてとろみをつける。
9. 器に煮た野菜類を盛り、最後にのっぺいをのせ、汁を上からかける。のっぺいの上におろししょうがをのせる。

撮影／五十嵐公

10㎝角の立方体の絹揚げをのっぺいと呼ぶ

冠婚葬祭

季節を問わない行事でつくられる料理です。大鍋でつくる煮しめは人数の融通が利きます。大皿では山海の幸が地域の自然を表現します。春雨や干し椎茸、かまぼこなどいつでもある材料でできる椀物は、丁寧に盛りつけることでおもてなしの一品になります。

〈岩手県〉

干し魚入りの煮しめ

煮しめは県全域でつくられる行事食で、大晦日の祝い膳をはじめ節句、冠婚葬祭などに欠かせません。用いる食材が地域の特徴を表しており、秋田との県境の山間部ではぜんまいの一本煮、凍《し》み大根、身欠きにしんなどを使うのに対して、三陸沿岸の大船渡では干し魚が入ります。うま味が強いのでだし汁を使わなくても風味豊かな味となり、一緒に煮た材料も一段とおいしくできあがります。

正月の煮しめにはよく、はもの干物を使います。「はも」とは、あなごのことです。秋の初めからとれ始めるはもは脂がのっているので、とれたらすぐに冷凍し、11月になり風が冷たくなったら解凍して寒風にさらし、乾燥させます。現在はこうして油の酸化を抑えていますが、冷凍庫がない時代は油焼けをするものも多く、その場合は焼き網でさっと焦げ目がつく程度に焼くと、生臭さや酸化臭を減らすことができました。昔は、焼いて干した「なめたがれい」もだしとして使いました。

協力＝菊地ミヨ子、小松テイ子、千葉益子
著作委員＝菅原悦子

撮影／奥山淳志

＜材料＞ 4人分

ふき（塩蔵）…300g
大根…1/2本
にんじん…1本
ごぼう…1/2本
凍み大根…1本
干し椎茸…4枚
たけのこ（水煮）…150g
こんにゃく…1枚
干し魚（アイナメ、アナゴ、ドンコなど）*…1尾
かまぼこ…1本
ちくわ…2本
さつま揚げ…2枚
厚揚げ…1枚
昆布…1本（長さ30cm）
水…1ℓ
醤油…大さじ3
ザラメ…大さじ2

*干し魚は2種類以上使うと、よりうま味が増す。写真はアイナメの干し魚。

＜つくり方＞

1 ふきは一晩、水で塩出しし、熱湯をかけ5～6cmの長さに切る。
2 大根は輪切り、にんじん、ごぼうは斜め切りにする。ごぼうは水にさらしてアクを抜く。
3 凍み大根は水で戻し、適当な大きさに切る。干し椎茸は水で戻し、たけのこは大きめの乱切り、こんにゃくは三角に切る。
4 干し魚はよく水洗いし、適当な大きさに切る。
5 かまぼこは厚めに切り、ちくわとさつま揚げは大きく斜めに切る、厚揚げは三角に切り、昆布は洗って4等分し結ぶ。
6 鍋に水と昆布を入れて火にかける。干し魚を入れ、ひと煮立ちしたらアクをとりながら10分程度煮る。
7 干し魚がやわらかくなったらごぼう、干し椎茸を加え、沸騰したら残りの材料を加えて15分程度煮る。
8 野菜がやわらかくなったら醤油とザラメを加え、味がしみるまでゆっくりと煮る。

◎干し魚の油焼けが気になる場合は焼き網でさっと焦げ目がつく程度に焼く。

〈群馬県〉

しめ豆腐

尾瀬・日光国立公園の2000m級の山々に囲まれる片品村《かたしなむら》でつくられてきた祝いの料理です。この土地で育てられてきた在来種の大白《おおしろ》大豆と良質な湧き水でつくられる豆腐は、普通の大豆でつくった豆腐に比べて甘味とコクがあります。この豆腐を巻きすで巻いて煮上げたしめ豆腐はおいしいうえに保存がきき、にんじんの色が華やかで、結婚式などの祝い膳の定番料理として喜ばれてきました。

昔は醤油がなかったので、味つけには自家製の味噌を煮出した「すまし汁」を使いました。5升炊きの大鍋に半分ほどの水を入れ、そこに味噌樽からとり出した味噌2kg程度を加えて1時間以上煮出し、さらし布でこします。昔は鍋を囲《い》炉《ろ》裏《り》の火にかけたまま農作業に出かけたそうです。すまし汁は焼酎の甕《かめ》に入れて保存しました。

豆腐を巻くすだれ(巻きす)は、男衆が山からカヤをとってきてつくりました。豆腐を巻くのも力が必要で、しめ豆腐を巻くまでが男性の担当でした。

協力＝星野秀子、布施川史子
著作委員＝堀口恵子

撮影／高木あつ子

<材料> 2本分

豆腐…500g*
にんじん…30g
調味液
- だし汁(煮干し、かつお節など)…2カップ
- 昆布…20g(25×2.5cm)
- 醤油、砂糖…各1カップ
- 酒…1/2カップ
- 塩…小さじ1/2

巻きす2枚、たこ糸

*1丁1kg(8×15×8cm)の片品村の豆腐を半分に切って使った。

<つくり方>

1 豆腐は、巻きすで巻きやすいように2つに切る。
2 にんじんは長めのせん切りにする。
3 巻きすに豆腐をのせ、斜めに切り目を入れ、にんじんが真ん中にくるようにはさむ(写真①)。
4 3を巻きすで巻き、たこ糸できつくしばる。柱などにたこ糸を固定し、引っぱりながら巻きすを回すとしっかり巻くことができる(写真②)。
5 鍋に調味液と4を入れ、醤油の色がしみこむまで30分ほど煮てそのまま冷ます。一晩から1日おくとかたくしまり、味もよくしみる。
6 巻きすをはずし、1cmの厚さに切り、皿に盛る。

◎保存は冷蔵庫で冬期は4日、夏期は2日ほど。

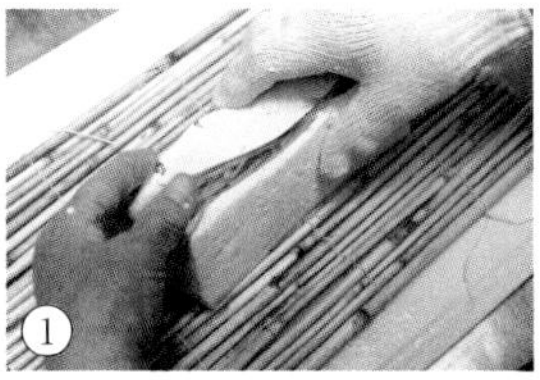

ひら

〈東京都〉

　祝儀にも不祝儀にもつくる新島《にいじま》のハレの煮しめで、デーコビラとも呼ばれます。デーコは大根のことです。一説では平皿に盛りつけたので「ひら」となったそうで、小さめの皿いっぱいに盛りつけ、もてなしの気持ちを表します。

　そぎ（大根を細長くそぎ、冬の西風で干した干し大根）、ごぼう、にんじん、昆布、里芋、がんもどき、椎茸などの精進を使い、5品か7品、9品の奇数に盛り合わせます。祝い膳はにんじんを右側、ごぼうを左側、結び昆布は切り口を上向きにし、供養膳ではすべて逆にします。島の中央部にある本村《ほんそん》地区はがんもどき、北部の若郷地区では厚揚げを使い、野菜の切り方や盛りつけ方も違うそうです。

　材料を別々に煮るので手間がかかり、昔は冠婚葬祭があると「もやい」という風習で近所が集まってつくりました。現在は結婚式を自宅で行なうことはなく、葬式も仕出し弁当に変わったので、えびす講や年の暮れに家族の分をつくるだけだそうです。

協力＝梅田喜久江、宮川清み、新島村郷土料理研究会、植松育　著作委員＝加藤和子

＜材料＞ 20人分

- そぎ（干し大根）…500g（戻したもの2kg）
- だし汁…ひたひた程度
- 酒…1/2カップ
- 醤油…1/3カップ
- みりん…1/2カップ
- 砂糖…大さじ5（50g）
- 塩…小さじ1

- 早煮昆布…20本
- だし汁…4と1/2カップ
- 酒…1/2カップ
- 醤油…1/2カップ
- みりん…1/4カップ
- 砂糖…大さじ4（40g）
- 塩…少々

- 里芋…大10個
- だし汁…4カップ
- 酒…1/2カップ
- 醤油…大さじ1と1/3
- みりん…1/4カップ
- 砂糖…大さじ3（30g）
- 塩…大さじ1

- ごぼう…4本
- だし汁…1ℓ
- 酒…1/2カップ
- 醤油…1/2カップ
- みりん…1/4カップ
- 砂糖…大さじ4（40g）

- にんじん…4本
- だし汁…4と1/2カップ
- 酒…1/2カップ
- 醤油…大さじ2
- みりん…1/4カップ
- 砂糖…大さじ3（30g）
- 塩…大さじ1

- こんにゃく…大2枚
- だし汁…2カップ
- 酒…大さじ5
- 醤油…1/2カップ
- みりん…1/4カップ
- 砂糖…1/2カップ（60g）

- がんもどき（1個100g程度）…20個
- だし汁…1.2ℓ
- 酒…1/2カップ
- 醤油…1/2カップ
- みりん…大さじ5
- 砂糖…3/4カップ（90g）

◎だしは、祝儀も不祝儀もかつお節。

＜つくり方＞

1 必要な分量のだし汁（計約7ℓ）をとる。

2 そぎはたっぷりの水（分量外）に一晩浸す。アクで茶色になるのでザルにあげ、白くなるまでよく洗う。戻してもかたいときは下ゆでをする。だし汁と調味料を鍋に入れて煮立たせ、そぎを加えて強火で味がしみこむまで煮る。

3 昆布を戻して20cm長さに切り、幅を半分に折ってきれいに結ぶ。煮ている途中でほどけないように、結び目の中心に糸を針などで通して、糸を結ぶ（写真①）。だし汁と、塩以外の調味料を鍋に入れ、昆布を加えてやわらかくなるまで煮る。仕上げに塩を加える。

4 里芋は皮をむき半分に切り、塩（分量外）でもんでから水で洗いぬめりをとる。だし汁と、醤油を除いた調味料で煮て味をしみこませ、仕上げに醤油を加え、なるべく白く仕上げる。

5 ごぼうは洗って皮をこそげとり、12cm程度の長さに切る。縦半分に切り、酢（分量外）を加えた湯で5分ほど下ゆでし、だし汁と調味料で味がしみこむまで煮る。

6 にんじんは皮をむき縦1/4に切り、湯で5分ほど下ゆでし、だし汁と調味料で煮る。

7 こんにゃくを1枚10切れ程度に斜めに切り、下ゆでする。だし汁と調味料で味がしみこむまで煮る。

8 がんもどきは湯をかけて油抜きをし、味がしみこみやすいように菜箸で側面に2カ所ほど穴をあけ、だし汁と調味料で煮る。

9 皿にそぎ、里芋、ごぼう、にんじん、こんにゃく、がんもどきを盛りつけ、上に結び昆布をのせる。祝膳はにんじんが右側、ごぼうは左側、結び昆布は切り口を上向きにする。

①

供養膳のひらは、ごぼうが右側、にんじんは左側と祝膳と逆。結び昆布は切り口を下向きに盛りつける

撮影／長野陽一

鯛の唐《から》蒸し

〈石川県〉

鯛の唐蒸しは婚礼に際して供される金沢の郷土料理です。かつては嫁入り道具とともに花嫁が持参する雌雄2匹の鯛を、婿側が調理して招待客にふるまう習わしがありました。背開きにした鯛に卯の花(おから)をいっぱい詰めて、大皿に腹合わせに並べます。切腹を連想させる腹開きにはしません。「にらみ鯛」「鶴亀鯛」ともいわれます。唐蒸しというのは「おから蒸し」が短くなったとする説や、加賀藩士が長崎で蘭学とともに中国料理風の鯛のけんちん蒸しを習ってきたので「唐蒸し」になったとする説などがあります。

食べるときは、鯛と卯の花を一緒に食べるとじつにおいしいものです。鯛の旨みが卯の花に吸収され、卯の花に入れたぎんなんやごぼう、椎茸などの芳醇な香りと旨み、ほどよい歯触りが一体となり味わい深くなります。以前は結婚式の他にも祝いごと、祭り、招宴の料理で出されることが多かったですが今は少なくなりました。デパートなどでは調理されたものが売られていました。

著作委員=中村喜代美、新澤祥惠

<材料> 4〜6人分

タイ…2尾(1尾約600g、内臓をとり500g)
塩…約20g(鯛の2%弱)
酒…約50mℓ(鯛の5%)
卯の花(おから)…200g
にんじん…1/4本(40g)
ごぼう…1/4本(40g)
干し椎茸…2枚
きくらげ…1枚
さやいんげん…30g
ぎんなん…4粒
油…適量
だし汁(昆布とかつお節)…1〜1と1/2カップ
A
- 砂糖…30g
- 塩…小さじ1/2弱(2.5g)
- 醤油…大さじ1強(20mℓ)
- 酒…大さじ2

盛りつけ用:松…適量

<つくり方>

1 タイのウロコとエラと内臓を除き(つぼ抜き)、背開きにし、塩と酒をふりかける。
2 にんじんは小さい短冊切り、ごぼうは細かいささがき、椎茸は戻して5mm角切り、きくらげは戻して5mm角切り、さやいんげんはゆでて小口切り、ぎんなんはゆでる。
3 鍋に油を熱し、にんじん、ごぼう、椎茸、きくらげを炒め、だし汁を入れ、Aを入れて2〜3分煮る。
4 さやいんげん、ぎんなんを加えて卯の花を入れ、かき混ぜながら、煮つめ、だし汁が全体にしみ、しっとりすればよい。
5 タイの水けをとり、**4**を詰め、強火の蒸し器で約10分蒸す。尾を上向きにするため、大根などの切れ端を使うとよい(写真①)。
6 タイに火が通ったら、器に腹合わせに盛りつける。
7 タイと卵の花を小皿にとり分け、ふるまう。

五色生菓子

五色生菓子。上からまんじゅう(月)、いがらもち(山)、ようかん(里)、ささらもち(日)、うずら(海)

鯛の唐蒸しと並んで、婚礼に欠かせない縁起菓子に五色生菓子があります。これは加賀藩前田家の3代目藩主前田利常に2代将軍徳川秀忠の娘の珠姫が輿入れした際に、加賀藩の御用菓子士の樫田吉蔵が献上したのが始まりとされ、明治時代になってから、庶民の間でも婚礼時に贈る習慣が広まりました。

五色は「日・月・山・海・里」の天地の恵みへの畏敬の念を表現しています。

①ささらもちはこしあんが入った白い丸もちに赤色の米粉を半分まぶして太陽を表し、「日の出」を意味する。
②まんじゅうは白くて丸い麦まんじゅうで月を表し、「満月」を意味する。
③いがらもちは、こしあんの入った丸もちに栗のイガを表す黄色いもち米をまぶして実りの象徴とし、「山」を意味する。
④うずらは、こしあんの入った細長いもちで波の形を表し「海」を意味する。
⑤ようかんは丸形の蒸しようかん(以前はういろう)で、黒い土で「里」を意味する。

別に、ようかんは山を、いがらもちは里の実りを意味するという説もあります。

五色生菓子を入れた重箱を5段重ねて蒸籠に入れ、蒸籠2箱で"一荷(いっか)"と数えます。昭和40年代までは、婚礼時に家の前にこの生菓子入り蒸籠が置かれ、結婚式の後に返礼のおしるしとして配るのが一般的な風習でした。現在は5〜10個くらいを引き出物にし、デパートや和菓子店ではバラ売りもしています。

撮影／長野陽一

〈岐阜県〉

菓子椀とつぎ汁

郡上《ぐじょう》市の明宝《めいほう》地区で、行事やもてなしの際につくられる、砂糖が入った甘さのある料理を2種、紹介します。砂糖が貴重だった時代に、甘い汁は特別なごちそうでした。

菓子椀は、報恩講や法事をはじめ、節句のお祝いなどさまざまな行事でつくられます。具材を一つずつ味つけし、甘い汁をかけます。お寺での報恩講のときは、たかたかまんま（山盛りのご飯）やじんだ汁（呉汁）、煮物、天ぷら、煮豆などと一緒にふるまわれました。

つぎ汁は葬儀や法事、結婚式、建前など慶弔のもてなしにつくられます。砂糖と醤油の甘辛い汁に、赤唐辛子を使ってピリリと辛みが加わった汁です。つくるのは男衆の役目で、天然の椎茸をとってきて干してだしをとります。豆腐は端のかたいところも3～5㎜角に大きさをそろえて丁寧に細かく切るのが腕の見せどころです。豆腐がくずれると汁が濁るので、グラグラと煮立たせないなど、最大級に気をつかってつくり、ふるまいます。

協力＝石田賀代子
著作委員＝西脇泰子

菓子椀

＜材料＞ つくりやすい量（20人分）

干し椎茸…20枚（1人1枚）
豆腐…2丁
結び湯葉…20個
ほうれん草…200～300g
かまぼこ…2本程度
下煮用だし汁
A
- だし汁（煮干し）*…2ℓ
- 砂糖…大さじ5
- 醤油…大さじ5
- みりん…大さじ2と1/2

*煮干しの頭と腹をとり20～25本使用したもの。

だし汁（かけ汁用）
B
- だし汁（煮干し）**…2～2.5ℓ
- みりん…大さじ5
- うす口醤油…1カップと大さじ2
- 砂糖…大さじ5
- 塩…小さじ1弱

**煮干しの頭と腹をとり15～20本使用したもの。

＜つくり方＞

【前日の準備】

1 干し椎茸は戻し、石づきをとる。
2 ほうれん草はゆでて水にとり、そろえて5cm長さに切る。
3 湯葉は水に戻す。
4 豆腐は1丁を縦6つに切り、さらに1切れを三角に2等分する。三角の1切れを1人分とする。フライパンに油（分量外）をひき、豆腐の両面に焼き色をつける。こうすると煮くずれしにくくなり、コクが出る。
5 かまぼこは飾り切りにする。
6 椎茸、豆腐、湯葉は別々に、適量に分けたAのだし汁で煮て味を含ませる。

【当日の仕上げ】

7 Bのだし汁の材料を合わせ、ひと煮立ちさせる。椀に6の椎茸、豆腐、湯葉と2のほうれん草と5のかまぼこを盛り、Bのだし汁を具が浸る程度にかける。

＊　＊　＊

つぎ汁

＜材料＞ つくりやすい量（20人分）

赤唐辛子…10～15本
- 干し椎茸…20枚（1人1枚）
- 水…4ℓ

うす口醤油…90mℓ
砂糖…360g
酒…150～225mℓ
みりん…180mℓ
塩…小さじ1
豆腐…1.5丁

＜つくり方＞

【前日の準備】

1 赤唐辛子はそのままフライパンで炒る。種まで火を通して生臭みを消す。種がはじけると辛みが増すので、ゆっくりと丁寧に炒る。唐辛子自体が赤みを増し、香ばしさが出る頃が目安。焦がさないように炒ることがポイント。
2 干し椎茸を水に戻し、戻し汁をだし汁として醤油、砂糖、酒、みりん、塩で味をつける。1の唐辛子をだし用の袋に入れて汁に加え、煮出す。味見をして、好みの甘辛さになったらとり出す。
3 豆腐は3～5㎜角のさいの目に切り、水を張った器に保存しておく。

【当日の仕上げ】

4 2のだし汁に3の豆腐を入れさっと火を通し、椀に盛る。
5 おかわりは専用の道具「きったて」を使い、4の汁を入れ、豆腐がまんべんなく分けられるように割箸1本で混ぜながら、それぞれの椀につぎに回る。

◎干し椎茸は汁をつくることにのみ使用する。つぎ汁はぜいたくな汁である。
◎割箸は割らないで1膳を1本として使用する。

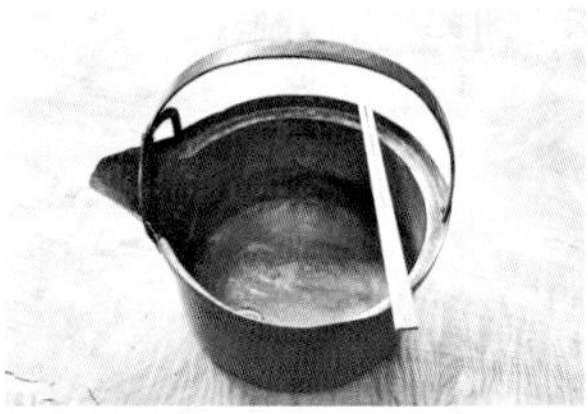

つぎ汁専用の道具「きったて」と割箸

手前は菓子椀、奥はつぎ汁

撮影／長野陽一

〈新潟県〉

佐渡煮しめ

佐渡のどの家庭でも食べられている伝統料理の代表が佐渡煮しめです。コトコト煮こんで味がよくしみこみ、人が集まるお盆や祭りや冠婚葬祭に欠かせません。ご恩がつくように大根、昆布、にんじん、こんにゃくなど「ん」のつく野菜を煮て、だしをたっぷりと吸った車麩を入れることが特徴です。少量ではあまりつくらず、大鍋で煮こむからおいしいのです。みんなで大皿を囲み、とり分けます。

焼きスケトウが入ると、焼いた魚の香ばしさとだしに野菜の旨みが加わり、まろやかで風味豊かな、佐渡らしいこだわりの味になります。煮汁のだしにはあご（とびうお）やあいなめ（あぶらめ）の焼き干しなども使用されます。あごは佐渡を代表するだしで、深みのあるうま味としつこさのない上質なだしがとれます。行事や季節によって材料や切り方も変わり、葬儀では油揚げがメインで「おひらのうわぶき」といって、必ず三角に切ります。また、春先の3月頃には、ふきやたけのこを入れます。

協力＝加藤恭子、本間こず恵　著作委員＝小谷スミ子、伊藤知子、佐藤恵美子

＜材料＞ 4〜5人分

焼きスケトウ*…1本（300g）
こも豆腐**…200g
にんじん…2/3本（100g）
ごぼう…約15cm（60g）
ふき…3本（60g）
じゃがいも…3個（200g）
椎茸…4枚（60g）
こんにゃく…1/2丁（120g）
たけのこ（水煮）…80g
昆布…1枚（30g）
車麩…3枚（60g）
さつま揚げ…3枚（80g）
だし汁
- 乾燥あご（トビウオ）…2尾（40g）
- 水…3カップ
- 砂糖…大さじ1
- 塩…小さじ1
- 醤油…大さじ2
- 酒…大さじ2
- みりん…大さじ1

*スケトウダラを素焼きしたもの。

**豆腐をわらづとや巻きすで巻いてゆでたもの。つと豆腐ともいう。

撮影／高木あつ子

＜つくり方＞

1 焼きスケトウは4等分する。
2 たけのこは縦に8cmの三角形に薄切りにする。
3 ごぼうは皮をこそげ落とす。水につけアクを抜く。
4 ふきは皮をむいて水につけてアク抜きし、約15cmに切ってたこ糸で結ぶ。
5 こんにゃくを4〜5つに切り、結びこんにゃくにする。水からゆでてひと煮立ちするまで加熱する。
6 じゃがいもは食べやすい大きさに切る。
7 昆布は幅を半分に割き、結び昆布を4つつくる。両端に結び目をつくり真ん中を切るとよい。
8 車麩は、水に戻してやわらかくなったらしぼる。
9 だし汁をつくる。乾燥あごを水に2時間ほどつける。あごはとり出し、調味料を加えて沸騰させる。
10 焼きスケトウを**9**に入れ弱火にし、約10分煮る。煮くずれないように、だし汁を吸ってふっくらとしたらバットにとり出す。
11 **10**の鍋に**2**〜**7**、にんじん、椎茸、こも豆腐を切らずに入れて落とし蓋をし、強火で3〜5分加熱する。そこに車麩、さつま揚げ（丸のまま）を加え、弱火で約20分加熱する。火を止めて約30分おく。
12 煮えた食材をとり出す。ごぼうは斜めに切り、にんじんは大きめの乱切り、ふきは3等分（4〜5cm）、椎茸は半分に切る。さつま揚げは、1枚を6等分の三角形にそぎ切りにする。車麩は4等分に切る。大皿に盛りつける。

〈三重県〉

あいまぜ

非時《ひじ》（会葬者に出す食事、おしのぎ）の際、近所の人たちが集まり、大量の料理を一度につくり、来客に出すという風習を象徴する料理です。手に入りにくくなった氷こんにゃく以外、特別な材料は使いません。すべての食材を個々にゆで、さらに煮合わせ、合わせ酢で和えるため、衛生的で大量調理に適し、日持ちがします。現在は非時の料理は惣菜屋に依頼していますが、そのなかの一品としても使われます。ここで紹介するのは、松阪市嬉野町のレシピですが、ごぼうを入れる入れない、味つけは酢と砂糖のみ、醤油とみりんのみ、また自家製の豆味噌を使った合わせ味噌で、と県内でも地域によって違いがあります。

昔は、葬式の段取りや料理の買い物、非時の配り物など外の仕事はすべて男性の仕事でした。買い物は男性2人で行ないましたが、これは1人だと、仏に連れて行かれるとの言い伝えがあるためです。女性は、男性が段取りしたものを使って料理をするのみで、内のことしかできませんでした。

協力＝嬉野町Uの会　著作委員＝駒田聡子

撮影／長野陽一

＜材料＞ 4人分

大根…200g（5cm長さ）
にんじん…50g（1/3本）
れんこん…70g（1/3本）
油揚げ…80g（2枚）
ちくわ…70g（1本）
氷こんにゃく*…水で戻して70g
ごぼう…50g（1/3本）
干し椎茸…12g（戻して50g）
切り昆布…15g（戻して50g）
A ┌ だし汁…1カップ
　│ 砂糖…小さじ2弱（5g）
　└ うす口醤油…小さじ2

【合わせ酢】

米酢…1/4カップ、砂糖…40g
塩…小さじ1/2（3g）
白ごま…15g

*こんにゃくを凍結乾燥させたもの。今は手に入らないので、こんにゃくを3つに切って冷凍したものを使う。

＜つくり方＞

1 大根、にんじんはそれぞれ細く切るか、せん切りにして、塩（分量外）でもみ、20分ほどおく。氷こんにゃくは水につけて戻す。
2 れんこんは薄いいちょう切り、油揚げは小さい短冊切り、ちくわは縦半分に切り薄切り、こんにゃくは短冊切り、ごぼうはせん切り、椎茸は薄切りにしてそれぞれゆで、ザルにあげて十分湯を切る。
3 大根、にんじんは水でよく洗って塩を落とし、それぞれゆで、ザルにあげて十分湯を切る。
4 鍋にAを入れ、**2**と**3**、切り昆布を加えて煮る。途中でよく混ぜる。
5 煮汁がなくなったら合わせ酢、白ごまを加えて和える。

〈鳥取県〉

豆ようかん

小豆が県内全域で栽培され、ぼたもちや小豆雑煮、小豆ご飯などさまざまに利用されているのに対し、そら豆を乾燥させて保存するほど大量に育てている地域はごく一部です。鳥取市周辺や倉吉地域は昔からそら豆をたくさん栽培しており、乾燥そら豆を砂糖で甘く煮た「そら豆のこふき」がつくられていました。一方で、乾燥そら豆をやわらかいあん状に煮てようかんにするのは鳥取市菖蒲《しょうぶ》地区だけです。ここでは、以前は集落で葬儀があると公民館に女性が集まり、豆ようかんや油揚げ、さつまいもの天ぷらや高野豆腐の煮物などを大量につくっていました。

小豆のようかんと違って裏ごししないので、ところどころにそら豆のかけらが入っており、ザラッとした舌触りです。寒天は使わず、味つけも砂糖と塩のみなので、豆の風味がぎゅっと詰まった濃厚な味わいです。菖蒲地区では、冠婚葬祭以外でも日常的につくられており、乾燥そら豆が暮らしの中に根づいていました。

協力＝橋本君江、前嶋道子、井口松代
著作委員＝松島文子、板倉一枝

撮影／五十嵐公

＜材料＞ 流し缶（14×11cm）1個分

そら豆（乾燥）…300g
重曹…小さじ1
砂糖…180g
塩…小さじ1弱

＜つくり方＞

1 そら豆は乾燥した状態のまま、つかるくらいの水に入れてゆでる。沸騰したら重曹を加え、そのまま弱火で15〜20分煮る。火を止めたら鍋に水を加え、手が入るくらいの温度のぬるま湯にし、鍋の中でそら豆の皮をとる。
2 豆を流水できれいに洗い、ザルにあげる。
3 鍋に豆を入れ、ひたひたにかぶるくらいの水を入れる。中火にかけ、木べらで豆をつぶすように混ぜる。底が焦げないように混ぜ続け、トロトロとやわらかくなるまで煮こむ。
4 砂糖と塩を加え、木べらで混ぜながら水けがなくなるまで弱火で煮る。木べらを持ち上げたときにペーストが鍋底から離れ、「の」の字が書けるようになったら火を止める。
5 流し缶に流し入れる。入れ終わったら、台の上でトントンと落とす。表面のつやが残るよう、表面はさわらない。
6 そのまま8時間以上おいて十分に固まったら1つ3.5×2.5cmくらいに切り分けて皿に盛る。

撮影／高木あつ子

さんとう

〈島根県〉

「さんとう」は県西部の石見《いわみ》地域の方言で、なますや酢の物をさします。東部の出雲地域とは方言が異なるため、同じ県内でも、さんとうが何のことか知らない人も多いようですが、石見では古くからこう呼び親しまれています。

祭りや正月には、にんじんと大根の紅白なますにさばを加えます。西部の日本海側はさばがたくさんとれ、煮ぐい（すき焼き）のように生から調理して食べる以外に、塩漬けやしめさばにして利用してきました。塩漬けやしめさばにすると保存性が高まり、山間部への運搬も可能になります。脂ののったさばを入れたなますはコクが出ていっそうおいしく、山あいの美郷《みさと》町《ちょう》や邑南町《おおなんちょう》では、昔は祝いごとや行事、来客のときにだけ食べる料理でした。当時は日持ちをよくするために、大根とにんじんをから炒りか湯通しをしてから和えました。「かがち」や「かがつ」と呼ばれる大きなすり鉢にたくさんつくっておくと、日に日に味がしみておいしくなり、何日も食べていました。

協力＝宮本美保子、服部やよ生、木村美代子、大場郁子　著作委員＝石田千津恵

＜材料＞ 4人分

大根…5cm（200g）
にんじん…1/4本
しめサバ…80g
合わせ酢
- 酢…大さじ1
- 塩…少々（0.5g程度）
- 砂糖…大さじ1

＜つくり方＞

1 大根は皮をむき、長さ5cm、幅1cmの薄い短冊切りにし、にんじんも同様に切る。
2 1を塩水（水3カップ、塩大さじ1/2）に入れ、しんなりさせる。
3 しめサバは刺身のように薄くそぎ切りする。
4 大根とにんじんがしんなりしたら、しっかり水けをしぼる。
5 合わせ酢をつくり、3と4を加えて味をなじませる。

◎しめサバがない場合は塩サバで代用してもよい。

〈広島県〉

もぶり

山口との県境にある大竹市で、冠婚葬祭や日常の食事として昔から親しまれてきた混ぜご飯です。「もぶる」は「混ぜる」の方言で、白めしに旬の野菜や魚介を混ぜこみます。まめまめしく元気にと入れる黒豆の甘煮の甘味やなめらかな舌ざわりが混ぜご飯にマッチし、絶妙なおいしさです。

家建て（建前）や結婚式などお祝いごとには必ずたくさんつくり、直径10cmくらいの大きなボール状に丸めて近所へ配り、めでたさや喜びを分かち合いました。丸い形には角をたてない意味があります。秋祭りなどに家庭で食べるときやお客様に出すときは、丸めずに皿に盛りつけました。夏場は傷みやすいので酢めしにします。合わせ酢は「酢にごし」と呼ばれ、このしろ、あじなど安価な魚の薄切りを酢に漬けこみ、コクを出します。

もぶりは安芸門徒《あきもんと》（浄土真宗門徒）の春と秋の講（集まって法話を聴く催し）、法要、葬式などでもふるまわれます。このときの具は野菜中心の精進で、魚や卵は使いません。

協力＝浴澄枝　著作委員＝前田ひろみ

撮影／高木あつ子

＜材料＞5人分

【酢めし】

米…3合
水…3合
酒…大さじ3
昆布…10g
魚（コノシロ、アジなど）…300g
塩…小さじ2（12g・魚の4％重量）
酢（酢洗い用）…1.5カップ
合わせ酢
- 酢…1/3カップ（65mℓ）
- 砂糖…大さじ3
- 塩…小さじ1と1/2

【具】

油揚げ…1枚（30g）
干し椎茸…3枚（15g）
にんじん…1/3本（60g）
ごぼう…1/5本（30g）
れんこん…小1/2節（60g）
A
- 椎茸の戻し汁…1カップ
- だし汁（昆布）…1/2カップ
- 砂糖…小さじ1と1/3
- 醤油…小さじ1
- 酒…小さじ2

錦糸卵
- 卵…5個
- 砂糖…大さじ2
- 塩…小さじ1弱（2.4g）

さやいんげん…4〜5本（20g）
黒豆甘煮…100g

＜つくり方＞

1. 魚を三枚におろし、塩で1〜2時間しめる。酢で2〜3回洗い、細切りにして合わせ酢に1〜2時間つける。魚をつけていた酢が、酢にごし。
2. 米を洗い、酒、昆布を加えてめしを炊き、酢にごしを混ぜて酢めしをつくる。
3. 油揚げ、水で戻した干し椎茸、にんじんはせん切り、ごぼうはささがき、れんこんは薄いいちょう切りにしてAで煮る。
4. 錦糸卵をつくる。さやいんげんは塩ゆでにして斜めせん切りにする。
5. 酢めしに3の具と黒豆を混ぜる。
6. 1の酢魚、錦糸卵、さやいんげんも混ぜこんで直径10cmくらいの丸いおにぎりにする。

〈広島県〉

おつぼ

撮影／高木あつ子

県北の北広島町では、葬儀や法事でふるまわれる食事のことを「おとき」といいます。おときはご飯、汁、おひら、おつぼ、白和えや酢の物などで構成されています。お膳の中で少し深めのつぼ椀に盛る料理がおつぼで、小豆と小さく切った根菜、こんにゃくなどの煮物です。

広島は安芸門徒《あきもんと》と呼ばれる浄土真宗門徒が多く、開祖・親鸞聖人《しんらんしょうにん》の大好物が小豆だったことから、おつぼに小豆を加えるようになったといわれています。北広島町千代田地区では、色がきれいで甘味があるさつまいもを入れます。前日から準備するため、傷まないようにと砂糖を多めに入れます。

おときの準備は、かつては女性の大仕事でした。葬儀の前日は近所7〜8軒の組でお膳を集会所から運びこみ、その家にある米や野菜と合わせ、足りない食材を買い出しして家の台所で調理します。100人分ほどのお膳を用意し、翌日、葬儀が終わり火葬から帰った人におときをふるまいました。片づけにも1日かかったそうです。

協力＝梅木麗子、小田千里
著作委員＝塩田良子、政田圭子

＜材料＞ 4人分

小豆…120g（ゆで小豆280g）
里芋…3個（120g）
にんじん…1/2本（60g）
干し椎茸…4枚
ごぼう…1/2本（80g）
さつまいも…1/3本（60g）
こんにゃく…2/3枚（140g）
油揚げ…1枚
だし汁（昆布、椎茸の戻し汁）
…各1カップ
A ┌砂糖…100g
│醤油…大さじ2強（40g）
└塩…小さじ2/3

＜つくり方＞

1 小豆は半日ほど水に浸し、ザルにあげる。
2 鍋に1の小豆とかぶる程度の水を入れて強火にかける。煮立ったら弱めの中火にし、小豆の皮が破れないように注意してやわらかくなるまでゆで、ザルにあげる。
3 水で戻した干し椎茸、ごぼう、こんにゃくを1.5cm大の乱切り、油揚げは細かく刻み、だし汁で煮る。ごぼうがやわらかくなったらAの半量を入れ、同じように乱切りにした里芋、にんじん、さつまいもを加えて煮る。やわらかくなったら残りの調味料を入れて全体に味をなじませる。
4 最後に2の小豆を加え、焦がさないように注意して10分程度煮て汁けを飛ばす。

おときのお膳。左手前から時計回りに、ご飯、白和え、あらめ煮、おひら（野菜煮物）、吸い物、中央がおつぼ。おひらは油揚げの下に大根、にんじん、ごぼう、里芋、こんにゃく、椎茸が隠れている

〈山口県〉

大平《おおひら》

　県東部の岩国はれんこんが特産で、ハレの日にはれんこんを飾った「岩国ずし(殿様ずし、角ずし)」と「はすの三杯(酢の物)」とともに、れんこんが入った煮物「大平」が必ず出されるといわれます。大平はたくさんの野菜を大きな平釜でごった煮にした汁けの多い薄味の煮物です。汁ごといただき、吸いもの代わりにもなるそうです。慶事にはかしわ(鶏肉)を入れ、弔事では精進で厚揚げや油揚げなどを入れますが、野菜は変わらず、はす(れんこん)、里芋、にんじん、ごぼう、こんにゃくなどです。季節のものとしてたけのこや栗が入ることもあります。できたてよりも、一晩おいて煮返した方がおいしく、味がなじんだ翌日のおいしさは格別だといいます。

　木製の塗りの大きな平椀「大平」に盛りつけるのが特徴で、つぎ分けには木じゃくしを使いました。代表的な郷土料理として学校給食でも出されますが、家庭で大平に盛ることは少なくなってきました。

協力＝清水久子、江本宏子
著作委員＝園田純子

撮影／高木あつ子

<材料> 4〜5人分

れんこん…1/2節(100g)
里芋…4個(200g)
干し椎茸…中4枚(10g)
ごぼう…1/3本(50g)
こんにゃく…100g
にんじん…2/3本(100g)
厚揚げ…200g
鶏もも肉…100g
- 酒…少々
- 塩…ひとつまみ

油…適量
だし汁(昆布)…4カップ
砂糖…小さじ1
酒…小さじ1
うす口醤油…大さじ1
みりん…大さじ1/2

<つくり方>

1 れんこんは皮をむき乱切りにして酢水(分量外)につけ、さっと下ゆでする。
2 里芋は皮をむいて乱切りにし、塩(分量外)でもんで水で洗い流しさっとゆでこぼす。
3 干し椎茸は水に戻し、いちょう切りにする。
4 ごぼうは皮をこそげ、乱切りにして酢水(分量外)にはなし、ゆでてアクを抜く。
5 こんにゃくは爪楊枝かフォークで突き、ひと口大にちぎってゆでる。
6 にんじんは皮をむき乱切りにしてゆでる。
7 厚揚げは油抜きをしてひと口大に切る。
8 鶏肉はひと口大に切り、塩、酒をふって少しおく。
9 大きめの鍋に油をひき、鶏肉を炒め、ごぼう、れんこん、こんにゃく、椎茸の順に加えて炒める。
10 だし汁を材料がかぶるくらい入れる。かたいものに火が通ったらアクをとり、里芋、にんじん、厚揚げを入れる。調味料を加えて味を調え、やわらかくなるまで煮る。

◎煮るときは、落し蓋をして煮くずれしないように中火にし、アクをとる。沸騰すると煮汁が濁るので、火加減に気をつける。

塗り物の大きな平椀「大平」。普通の汁椀に比べるとかなり大きく、直径28㎝ほど

撮影／高木あつ子

<材料> 4人分

小豆…50g

┌ 砂糖…50g
└ 水…大さじ2

かまぼこ…1/5本（約20g）

干し椎茸…小1枚

┌ 白玉粉…25g
│ 水…20mℓ
└ 食紅…少々

だし汁（昆布）＋椎茸の戻し汁
　…2と1/2カップ

塩…小さじ1/2

醤油*…小さじ1

*あればうす口醤油。

<つくり方>

1 小豆はかぶるくらいの水（分量外）を入れて火にかけ、沸騰したら一度ゆでこぼす。再び水を入れて火にかけ、差し水をしながら皮を破らないように約1時間半、やわらかく煮る。煮えたらザルにあげて水けをきる。

2 1の小豆に砂糖と水を加えさっと煮て、そのまま味を含ませる。

3 干し椎茸は戻して、いちょう切りにする。

4 白玉粉は水でこね、半分は食紅を使って紅白の小さいだんごをつくってゆでる。

5 だし汁と椎茸の戻し汁を加え、椎茸を入れ、煮えたら塩、醤油を加えて調味する。2の小豆と4のだんごといちょう切りしたかまぼこを加えて、静かにひと煮立ちさせたら、そのまま冷ましてできあがり。

〈山口県〉

いとこ煮

薄い醤油味の汁に甘く煮た小豆が入ります。デザートではなく、料理の一品として冷まして供されます。萩市とその周辺の地域の郷土料理で、祝いごとや法事など冠婚葬祭の膳についていました。日本海に面する萩は毛利三十六万石の城下町なので小豆は切腹してはいけないといわれ、小豆の皮を破らないよう煮上げるのが特徴です。だしは昆布と干し椎茸の精進でとり、汁が澄んだ状態で仕上げます。お祝いには紅白のだんごを、仏事では白いだんごが入ります。

いとこ煮は県内全域で伝わっていますが、地域によって材料が違います。小豆と白玉だんごの他に野菜が入る地域もあります。日本海側では汁けが多いという特徴があり、この萩風いとこ煮もそのひとつです。瀬戸内海側では汁けがなく、汁なしぜんざいのようにつくります。最近ではいとこ煮をつくる家庭も機会も少なくなり、食文化の継承として学校給食で出されることもあるようです。

協力＝和田サキ代、上田敦子
著作委員＝櫻井菜穂子

柏《かし》椀《わん》〈山口県〉

昔から冠婚葬祭のときによく出された料理で、長門市や萩市、山口市に伝わる伝統食です。「柏椀」と書いて「かしわん」と読む呼び名の由来は、地元で聞いてもわかりませんが、江戸時代の京阪では大型の汁椀のことを菓子椀と呼び、魚や鶏肉、野菜など具だくさんの汁ものを入れていたので、それに由来するのではないかと思います。

鶏肉、干し椎茸、春雨（そうめんのことも）、かまぼこ、ほうれん草、卵など、ありふれた材料でありながら、色や味わいの異なるものを丁寧な下ごしらえをして椀に入れた、見栄えも味わいもよい料理です。彩りよく盛られた椀はいかにもおもてなしの料理といった感じがして、柏椀があるだけで心豊かな気分になったものです。祝いごとの場合、鶏肉は入れずにえびを入れることもありました。法事の際には鶏肉や卵、かまぼこではなく麩を入れていたそうです。最近では、冠婚葬祭でもなかなか見かけなくなっているといいます。

協力＝小林小夜子
著作委員＝池田博子

撮影／高木あつ子

＜材料＞ 4人分

- 水…2カップ
- 干し椎茸…小4枚
- 昆布…10cm角1枚

みりん…大さじ1
塩…小さじ1/2
醤油…小さじ2
鶏ささみ…2本
塩、酒…各少々
かたくり粉…適量
卵…2個
かまぼこ…1/2本（8切れ）
春雨…20g
ほうれん草…2株（40g）

＜つくり方＞

1 2カップの水に昆布と椎茸を入れて一晩おき、こしただし汁に調味料を加え、ひと煮立ちさせ冷ます。
2 卵はかたゆでにし半分に切る。かまぼこはそぎ切りにする。
3 ささみは筋をとりそぎ切りにして塩と酒で軽く下味をつけ、かたくり粉をまぶして熱湯でゆでる。冷水にとり、ザルにあげて水けをきる。
4 1で戻した椎茸は醤油と砂糖各大さじ1（分量外）で煮る。
5 春雨とほうれん草はそれぞれゆでて水にとり、水分をきって食べやすく切る。
6 椀の中に2、3、4、5を並べ、1を注ぐ。

〈愛媛県〉

卵寒天（鉢盛料理）

鉢盛料理*の盛り合わせは、口取りや煮しめなどのごちそうを盛り合わせたものです。卵寒天は卵の黄色が寒天の中で散って、盛り合わせの中央に盛るのにふさわしい美しさです。のど越しがつるりとさわやかで醤油の香りが引き立ち、おかずにもなり、また甘味もあってデザート的な感覚でもいただけるので、老若男女に好まれてきました。

県南西部に位置する宇和島市は、江戸時代より仙台藩伊達家の分家として、宇和島藩、伊達十万石の城下町として栄えてきました。街のシンボルの宇和島城は、藤堂高虎《とうどうたかとら》によって創建され、現在も各所に新旧さまざまな石垣が残されています。盛り合わせの中央に卵寒天を段々に積み上げる盛りつけは石垣盛り（石垣積み）といわれるもので、この石垣をとり巻くように、奥に山のもの、手前に海のものを盛り、さながら卵寒天は宇和島城の石垣のようです。昔は、盛りつけは男の人の仕事でした。

＊鉢盛料理についてはp107参照。

協力＝清家民江、清家千鶴子
著作委員＝亀岡恵子

撮影／五十嵐公

<材料> 約500mℓの流し缶2缶分
（尺皿*1皿・15〜20人分）

角寒天…2本、水…900mℓ
卵…2個
砂糖…160〜200g
塩…小さじ1/2
うす口醤油…大さじ1

*直径尺一（約33cm）、尺二（約36cm）、尺三（約40cm）、尺五（約45cm）の円形の大皿のこと。輪島塗りや陶器のもので、おおかたの家にはこの大皿（鉢）が4、5枚はあったそう。

<つくり方>

1. 寒天は洗ってしぼり、細かくちぎって分量の水につける。
2. 1を火にかけて煮溶かし、完全に溶けたら、砂糖、塩、醤油を加える。
3. 卵を溶く。卵黄の色を鮮やかに仕上げるためあまり溶かない。
4. 2の寒天液がよく沸騰したところに3の卵液を流しこんでさっと混ぜ、型に流して固める。
5. 寒天が固まったら、型から出して5×3cm程度に切る。

◎卵はあまり溶かないほうが、黄身と白身の色が際立ち美しく仕上がる。白身と黄身を分けて別々に流しこむこともある。不祝儀のときは白身のみでつくる。

◎卵寒天はゆるいととり分けにくいので、加える水は控えめにする。

<盛り合わせの仕方>

尺皿の中央に卵寒天を3段盛りにし、手前に海のもの、かまぼこを板ごと、錦巻き・揚巻き（赤・緑・黄、各色1本）、さばの天ぷら、練りようかんを、向こうに山のもの、れんこんや里芋の煮しめ、高野豆腐の含め煮、さつまいもの天ぷら、果物を盛る。かまぼこは、祝儀の場合は5本または7本など奇数。

〈愛媛県〉

ふかの湯ざらし（鉢盛料理）

フカはサメのことです。独特の魚臭（アンモニア臭）のため、煮物や焼き物には適さず、多くはかまぼこの原料となっていますが、この料理は湯引きにしてにおいを緩和し、フカのおいしさを巧みに引き出しています。フカの骨はすべて軟骨で、やわらかい肉に、真皮、尾びれ、背びれ、骨などのコリコリとした食感が加わります。甘い麦味噌に辛子を入れたピリッと辛い「みがらし味噌」が淡泊な味によく合います。南予地方では冠婚葬祭、とくに酒席には欠かせません。

その昔、漁師が売り物にならないフカを酢味噌で酒の肴にしたのが始まりといわれています。宇和海はイワシなどの回遊魚の好漁場で、フカも昭和30年頃は釣りや網でもよくとれ、年間約４００ｔの漁獲がありました。南予地方でよくとれるのはあまり大きくない１ｍ前後のフカです。昭和45、46年頃までは、お客事には１尾買って近所で集まってつくっていましたが、今は魚屋の仕出しを使っています。

協力＝清家民江、清家千鶴子
著作委員＝亀岡恵子

撮影／五十嵐公

＜材料＞尺皿1皿分（15〜20人分）

- フカ*…1.5kg（正味1kg）
- 塩…適量

しめ豆腐**…1丁
焼き豆腐…1丁
板こんにゃく…2枚
ほうれん草…1束

＜赤寒天＞

角寒天…1本
水…450mℓ
塩…小さじ1/5
食紅（赤）…少々

＜みがらし味噌＞

麦味噌…125g
砂糖…125g
酢…大さじ3

- 和辛子粉…10g
- ぬるま湯…10mℓ

シロザメ

*サメのこと。湯ざらしにはシロザメやホシザメがおいしく大きさも適している。南予地方では、サメのことをフカ、マブカ、ホシブカと呼び、松山市周辺の中予地方では、暗褐色のスリムな姿からテッポウと呼ばれる。フカがないときはタコを使う。

**木綿豆腐を簾で巻いて煮たもの。味のしみがよく水きりが不要で、煮物にしたり、みがらし味噌などで食べる。南予地方でハレの日に食べられる伝統食材。

＜つくり方＞

1 フカの頭と内臓をとる（写真①）。
2 桶に熱湯を用意して1をさっとくぐらせ（写真②）、たわしで皮をこすり、表面の楯鱗（じゅんりん・サメ肌）をとる（写真③）。
3 大きいものは三枚におろす。身は1.5cm、中骨は3cm、ヒレは1.5cmほどのぶつ切りにする（写真④）。小さい場合は三枚におろさず、中骨ごと1.5cmほどの厚さに切る。
4 3にたっぷりの塩をまぶしてもみ（写真⑤）、30分ほどおく。臭みが抜けて身がしまる。その後、流水で塩とぬめりをよく洗い流す。
5 沸騰した湯の中に4を少しずつ入れて、浮き上がってきたら氷水にとる（湯引き）（写真⑥）。
6 しめ豆腐はゆでて3cm角に切る。焼き豆腐も同様に切る。
7 こんにゃくは結びこんにゃくにしてゆでる。
8 ほうれん草をゆでて4cmに切る。
9 赤寒天をつくる。角寒天を洗ってちぎり、分量の水につけて30分ほどおく。これを煮溶かし、少量の水で溶いた食紅と塩を加えて型に入れて固め、5×3cmほどの角切りにする。
10 みがらし味噌をつくる。和辛子粉をぬるま湯で練って容器の上に和紙をのせ、容器を逆さに伏せて20分くらい休ませ、辛みを出す。味噌をすり鉢でよくすり、練り辛子、砂糖を加えてする。さらに酢を少しずつ加えてなめらかにすり合わせる。おいておくと粘ってくるので、少しゆるめに仕上げる（写真⑦）。ミキサーにかけてもよい。
11 水けをきったフカ、豆腐2種、こんにゃく、ほうれん草、赤寒天を盛り合わせ、みがらし味噌を添える。

◎青野菜は、きゅうり、白菜、ブロッコリーなども使われる。

◎赤寒天は彩りに添える。不祝儀の場合は色はつけない。

鉢盛料理

県南西部、宇和島とその周辺、四国山脈を背に宇和海に向かってひらけた、海の幸、山の幸に恵まれた気候温暖な地域ならではの料理。南予の人々は特有のおおらかさがあり、祭礼や祝儀には、いく枚もの大皿、大浅鉢盛りの鉢盛料理で大盤ぶるまいする風習がある。客の数に増減があっても融通がきくので、気軽に客を招ける。ふかの湯ざらしのほか、ふくめん（p108）、刺身の盛り合わせ、尾頭つきの鯛を煮つけてそうめんを添えた鯛めん、盛り合わせ（p105）、酢の物などで構成される。

手前は盛り合わせ、左奥がふかの湯ざらし、右がふくめん

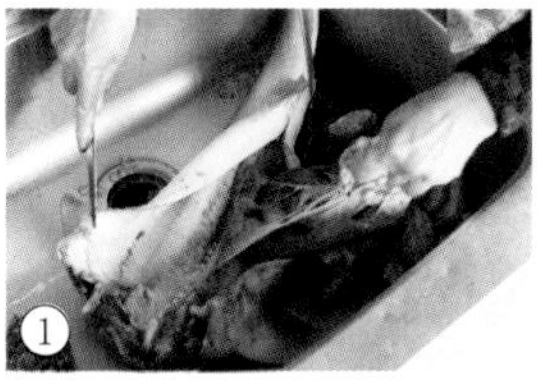

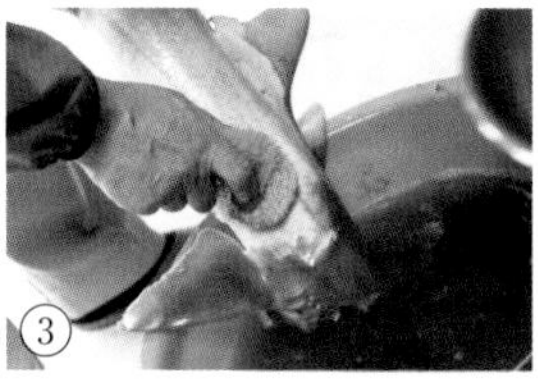

〈愛媛県〉

ふくめん（鉢盛料理）

南予地方の鉢盛料理*の中の一品です。せん切りのこんにゃくを麺に見立て、小骨の多いエソに手をかけてつくったそぼろ、みかんどころならではのみかんの皮のみじん切り、ねぎを彩りよく飾る、ぜいたくな食材は使っていませんが、ハレの日に映える料理です。由来は定かではありませんが、小さく切ることを「ふくめ」ということから、あるいはこんにゃくをそぼろや薬味でおおって「覆面」することからではないかといわれています。

こんにゃくをせん切りにするのに手間がかかるため、最近は糸こんにゃくを使うことも多くなりましたが、せん切りにしたほうが食感はプリプリとして格別です。食べるときは全体をよく混ぜます。こんにゃく麺の食感に、エソのそぼろのうま味とみかんの皮とねぎの香りが加わった、思いがけない上品な味です。できあがったそぼろは、電灯の光に当てると小骨が光って除きやすいので、小骨をとるのは夜なべ仕事にするそうです。

＊鉢盛料理についてはｐ107参照。

協力＝清家民江、清家千鶴子
著作委員＝亀岡恵子

撮影／五十嵐公

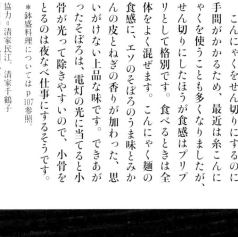

＜材料＞尺皿1皿分（15～20人分）

板こんにゃく…5枚
砂糖…200g
うす口醤油…100mℓ
塩…ひとつまみ

【そぼろ】

エソ*…1kg（正味500g）
砂糖…大さじ1/2
水…50mℓ
┌ 食紅…少々
└ 水…少々

【薬味】

葉ねぎ…15g
温州みかんの皮…1個分

*エソ科の魚で、背部は暗褐色、腹部は銀白色の魚で身は薄いピンク色の白身。中骨が2層にわたって発達しており、三枚おろしにしてもかたい小骨が残るため、煮物や焼き物には向かないが、上質でくせがないので高級かまぼこの原料となる。南予地方では練り製品の需要の増す11月から正月までは入手困難だが、それ以外の時期には、道の駅や魚屋で安価に入手できる。

◎みかんの皮は、みかんがない季節は使わないこともあるが、最近は冷凍保存して年中使う。

＜つくり方＞

1 こんにゃくは、ゆでて冷めないうちに薄くそぎ（写真①）、さらにせん切りにする。

2 1をから炒りし（写真②）、調味料を加えて汁けがなくなりバリバリという音がするまでしっかりと炒りつける（写真③）。元の1/3量くらいになる。

3 エソは皮が引きやすいように、ウロコをつけたまま三枚におろし、皮を引いて（写真④）ぶつ切りにする（写真⑤）。これを水を少し流しながら半日～1日真水にさらす。

4 エソはたっぷりの湯でしっかりゆでてザルにあげて表面の大きな骨をとる（写真⑥）。さらしのしぼり袋に入れて麺棒でしごいて水をしぼり（写真⑦）、出てきた小骨をざっととる（写真⑧）。

5 4を厚手の鍋に入れ、砂糖と水を加えて混ぜる。これを2つに分け、半量はそのまま、半量は食紅の水溶きで薄ピンク色に着色する。

6 紅白それぞれ鍋に入れ、とろ火で焦がさないように絶えず木べらで混ぜながらふわふわになるまで炒る（写真⑨）。このとき、小骨が見えたら丁寧に除く。色づけをすると小骨はキラキラ光るのでとりやすくなる。

7 ねぎは小口切り、みかんの皮は白いところをそぎとってみじん切りにする。

8 2のこんにゃくが冷めたら、6の紅白そぼろの各1/3量をまぶして皿に平らに盛る。そぼろの紅白が混ざらないようにラップや紙で仕切り、こんにゃくをおおうようにそぼろをのせる（写真⑩、⑪）。そぼろは、こんにゃくが冷めてからのせないとモチモチになる。薬味のねぎとみかんの皮を飾る（写真⑫）。

◎エソは真水にさらすことで、においがとれるとともに、そぼろが白く美しく仕上がる。塩水だと魚の身に粘りが出るのでよくない。

◎そぼろは厚手のアルミ鍋がつくりやすい。ステンレス鍋は魚の身がくっつくので不適。不祝儀の際は、紅白ではなく白色のみを用いる。つくるのに手間がかかるので、現在はまとめてつくって冷凍しておき、巻きずしの具にも使う。

◎そぼろはかなり薄味なので、こんにゃくは炒るときにしっかり味をつけないとおいしく仕上がらない。

〈高知県〉

皿鉢《さわち》料理

土佐の宴会（おきゃく）料理は、山、海、野、川の幸を39㎝くらいの大皿に盛り合わせた皿鉢料理です。明治中頃まで全国各地に神様に感謝して食べる「盛り鉢料理」があり、土佐では皿鉢料理として発達しました。皿鉢料理の基本は、「生《なま》（刺身）」と「組み物」です。刺身は、まぐろや旬の魚を平づくりにします。組み物は、すし、煮物、揚げ物、和え物、果物、甘い物を盛り合わせたものです。別に、鯛の玉蒸し（魚の背におからを詰めたもの）や、季節に合わせてかつおのたたき、そうめん、ぜんざい、みつ豆を出したり、とくにめでたい婚礼や米寿の宴会では鯛の生けづくりを出します。

おきゃくでは、物据《ものすえ》（皿鉢専用の台）に置いた皿鉢から好きなものを好きなだけ自分の皿にとって食べ、大人も子どもも一緒になって、杯を酌み交わし、議論し、豪華な土佐の味を楽しみます。人々の絆が深まり、土佐の味を伝承していく場になっています。皿鉢料理には地域の味、旬の味、おもてなしの心がいっぱい盛られています。

協力＝川竹満壽子、包国嘉代、坂本正夫
著作委員＝福留奈美、小西文子、五藤泰子

左上から時計回りにかつおのたたき、あじの玉蒸し、ぶりのぬた、組み物

かつおのたたき

節おろし（皮つき）のカツオはわらでいぶし、平づくりにして塩、ゆず酢入りの二杯酢をふり、軽く叩く。皿に盛り、玉ねぎのスライスと小口切りにした青ねぎ、にんにくのせん切りを散らす。詳しいレシピは『魚のおかず　いわし・さばなど』のp46を参照。

あじの玉蒸し

アジは背開きにして軽く塩をふり、塩締めにする。にんじん、水で戻した干し椎茸、油揚げ、ごぼう、えんどう豆をだし汁で煮て、砂糖、醤油で味を調える。炒ったおからに煮た具材を入れ、味をみながら煮汁と溶き卵を加え、ちょうどよいやわらかさに調節する。ここに青ねぎのみじん切りを加えて混ぜる。アジの背にこれを詰め、蒸気の上がった蒸し器で20分程蒸す。蒸し上がったら魚の上にゆで卵の黄身を裏ごししてふりかける。

◎婚礼などの祝宴では鯛で玉蒸しをつくる。

ぶりのぬた

葉にんにくと白味噌をすりばちでペースト状にしたものに、砂糖、酢、ゆず酢を加えて混ぜたぬたをぶりの刺身に添える。詳しいレシピは『魚のおかず　いわし・さばなど』のp39を参照。

組み物

以下の料理を下の写真のように組み合わせて盛る。

①さばの姿ずし
②りゅうきゅうずし
③卵ずし
④のり巻き
⑤昆布ずし*
⑥金時豆の押しずし
⑦みょうがずし
⑧いなりずし
⑨こんにゃくずし
⑩鶏の唐揚げ
⑪ゆで卵の花切り
⑫さば入り昆布巻き
⑬鮎の甘露煮
⑭栗入りきんとん
⑮田芋ようかん**
⑯うさぎりんご
⑰わらびの白和え
⑱菊花かぶ
⑲さらし柿

*砂糖と醤油でやわらかく煮た昆布ですし飯を巻く。

**田芋(里芋)を煮てつぶし、寒天で固める。

◎さばの姿ずしとこんにゃく・りゅうきゅう・みょうがずしの詳しいレシピは『すし　ちらしずし・巻きずし・押しずしなど』のp114とp52を参照。

わらびの白和え（⑰）

<つくり方>

1　わらびの水煮120gは4〜5cm長さに切り、だし汁1カップと砂糖大さじ1強、醤油大さじ1で煮る。
2　豆腐1丁（300g）はゆでて水きりする。
3　すり鉢で白ごま大さじ1をすり、砂糖大さじ1、塩ひとつまみ、豆腐を加えてよくする。
4　3に煮たわらびを入れて和える。

◎ぜんまいやいたどりでつくることもある。

農村の皿鉢料理

写真は、昭和30年頃の安芸市の農村でつくっていた組み物などの皿鉢料理です。各家で鶏を飼っており、当時貴重品でごちそうであった卵や鶏肉料理が入っています。冠婚葬祭などの大きなおきゃくも自宅で行ない、村にいる器用料理人と呼ばれる男性が鯛の生けづくりや刺身を、女性はすしや煮物などを、隣近所で手伝ってつくりました。

おきゃくの翌日は、食べ物への感謝と手伝いの人たちへのお礼の意味を込めて「残」（ざん）という小宴がありました。残った料理を盛り直し、さばずしの頭を焼き、鯛のアラで汁をつくり、ワイワイと後始末を楽しみました。

来客者には、巻きずしやようかんが入ったお土産があり、子どもたちはお父さんの帰りを楽しみに待ったことです。

撮影／長野陽一

〈長崎県〉

長崎天ぷら

長崎市は、江戸時代、外国への玄関口として発展してきた港湾都市です。材料を油で揚げる調理法が400年前にポルトガルから伝来し、天ぷらと称されるようになりました。長崎天ぷらは、江戸風、上方風の天ぷらとは違っているため、他国の人がそう名づけたという文献もあり、固有名詞となっています。卓袱《しっぽく》料理（長崎に伝わる円卓を囲んで大皿料理をとり分けて食べる食事）のひとつですが、日常的にも食べられてきました。

天ぷらの語源はポルトガル語の「Temperado」で、これは「味をつけた」「調味した」という意味です。小麦粉に砂糖、塩、酒を加えて味をつけ、醤油を加えることで香ばしさが出ます。軽く混ぜた衣でも、ぽってりとした衣になります。揚げたてを食べるのがおいしいですが、衣に味がついているので天つゆなしでも食べられ、冷めてもおいしいです。惣菜としてもよく食べられており、弁当のおかずにも向きます。

協力＝脇山順子
著作委員＝植村百江、冨永美穂子

撮影／長野陽一

<材料> 4人分

かぼちゃ…1/8個
キビナゴ…200g
塩…少々
さやいんげん…100g（12本）
衣
- 薄力粉…1/2カップ
- かたくり粉…小さじ2
- 砂糖、醤油…各小さじ1
- 卵…1個
- 酒…小さじ2
- 冷水…1/4カップ

揚げ油…適量

<つくり方>

1 ボウルに衣の材料を入れ、ダマがないように軽く混ぜる。
2 かぼちゃは7㎜の厚さに切る。
3 さやいんげんは筋をとり、つけ根のヘタ部分を切り落とす。
4 キビナゴは頭をつけたまま洗い、水けをとり、軽く塩をする。
5 170℃の揚げ油で衣をつけて揚げる。かぼちゃ、さやいんげんを先に揚げ、最後にキビナゴを揚げる。かぼちゃとキビナゴは全体に衣をつけるが、さやいんげんはヘタ部分から半分ぐらいまで衣をつける。
6 大皿に盛りつける。

◎かぼちゃはポルトガル人によりカンボジアから、さやいんげんは興福寺の住職として隠元禅師からもたらされたもの、キビナゴは長崎近海でとれた魚と、ここでの天ぷらの材料は長崎にゆかりのあるものを使っている。

撮影／長野陽一

<材料> 19cm×27cmの流し缶1缶分（4人分）

乾燥イギリス草（いぎす）…50g
にんじん…100g（2/3本）
きくらげ…20g
炒り落花生…50g
サバ缶（醤油味）…2缶
油…小さじ1
濃口醤油…大さじ1
うす口醤油…大さじ1
砂糖…大さじ1
塩…少々
酒…大さじ1
米ぬか…100g
水…8カップ

<つくり方>

1 にんじんはせん切り、きくらげは水で戻してせん切りにする。
2 米ぬかは布袋に入れて水の中で軽くもみ出す。1回目のぬか汁は捨て、2回目は分量の水でもみ出し、7カップ（1400mℓ）にする。
3 鍋に油を熱し、**1**を炒め、濃口醤油で味をつける。
4 イギリス草を水で洗い、**2**の米ぬか汁と一緒に鍋に入れ、焦げつかないように木べらで混ぜながら煮溶かす。
5 **4**に**3**の具材と砕いた落花生、サバ缶をほぐしながら汁ごと入れ、しっかりと練る。
6 **5**にうす口醤油、砂糖、塩、酒を加え、味を調えたら、流し缶に入れ、冷やし固める。

〈長崎県〉

いぎりす

漁業のさかんな島原地方の料理で、乾燥させたイギリス草という海藻を使うので、いぎりすと呼ばれます。年中食べますが、おもに冠婚葬祭の際の行事食です。イギリス草とは紅藻類のいぎすのことですが、近年はあまりとれなくなり、それに伴い、いぎりすも以前より食べられなくなりました。愛媛県や広島県など瀬戸内海沿岸の地域には「いぎす豆腐」という同様の料理があり、島原の乱のあと、島原地方に移住してきた瀬戸内地方の人たちから伝えられたといわれています。

イギリス草を米ぬかを溶いた汁につけ、火にかけることで溶けてのり状になり、冷やし固めると寒天のようになります。乾燥させたイギリス草は米ぬかでないと溶けませんが、生のイギリス草は味噌でないと溶かせないといわれています。昔はさば缶ではなく、さばを三枚におろしたものを具に使っていました。さばのほかに、にんじんやピーナッツなども入れますが、仏事では具は入れないそうです。

協力＝水口美和子、浦田千津子、野田信子
著作委員＝久木野睦子、冨永美穂子

〈大分県〉

がめ煮

県北西部の日田市大山町でつくられているごちそうです。以前は庭先で鶏を飼っていたので、正月やお盆、秋のおくんちのほか、親戚や近所の人が集まるときは1羽をつぶし、がめ煮をつくりました。今は肉屋で買いますが、昔と同じように親鳥の骨つき肉を使います。親鳥の肉はかたいですが、骨からだしがよく出て、長時間煮ることで肉もやわらかくなります。

秋の収穫を祝うおくんちは大切な祭りのひとつで、他県に嫁いだ娘が里帰りしたり、親戚やお客さんを呼び合います。このとき、がめ煮を大鍋でつくっておき、お客さんがいつでも食べられるようにしておきます。他にもさばずしやぬた和え、なますなどの料理も準備します。がめ煮のつくり方は単純ですが、家ごとに入れる具材や味の加減も違い、それぞれのレシピがあります。夏はさっぱりとした味つけ、冬はこっくりとした味つけと、季節によって味を変えることもあり、それもお客さんにとっては楽しみのひとつでした。

協力＝松原喜美子、矢羽田久美子
著作委員＝高松伸枝

撮影／戸倉江里

＜材料＞ 10人分

骨つき鶏肉（親鳥）…800g
ごぼう（大）…1本（150〜200g）
にんじん…1〜2本（200g）
れんこん…1節（200g）
里芋…10個（600〜700g）
椎茸（生椎茸でも干し椎茸でもよい）
…5枚（生椎茸なら50〜60g）
こんにゃく…1〜2丁（300g）
水…1ℓ程度
酒…1と1/2〜3カップ
砂糖…大さじ3
みりん…1/2カップ
醤油…3/4カップ

＜つくり方＞

1. 鶏肉は骨ごとぶつ切りにし、ひと口大に切る。
2. ごぼう、にんじん、れんこん、里芋、椎茸（干し椎茸の場合は水で戻しておく）は、食べやすい大きさに乱切りにする。こんにゃくは湯通しをして、ひと口大に分ける。
3. 鍋に1と水、酒を入れ、弱火で数時間かけてゆっくり火を通す。こうすることで鶏のだしがよく出る。
4. 鶏肉の身がやわらかくなり、骨からだしが十分に出たら2を加えてやわらかくなるまで煮る。時間のあるときは3で火を止めて一晩おいてから、加えて煮るとよい。
5. 調味料を入れ、煮汁がほぼなくなるまで煮含める。好みでせん切りにしたしょうがをのせる。

◎大根やたけのこなど、季節ごとにある野菜や大豆を入れてもよい。

行事食と色

行事に出される料理は、日常の料理より華やかで
着色料などで色づけされたものが多くあります。
何を使ってどんな色がついているか、
各地の料理から紹介します。

撮影／五十嵐公（愛知県、静岡県）高木あつ子（長野県、新潟県、山梨県）、長野陽一（石川県、三重県、長崎県）

天寄せ
（長野県）

冠婚葬祭など人寄せの料理に彩りを添える。緑はそうめんを、赤は溶き卵を入れて固めた寒天寄せ。食紅で色づけし、祝儀は赤、不祝儀は緑と使い分けている。

いがまんじゅう
（愛知県）

米粉の生地であんを包み、食紅で着色したもち米をのせて蒸した、ひな祭りのお菓子。赤は魔除け、緑は生命力の意味があるとされ、豊作祈願の黄色に着色することもある。

うむしもん
（長崎県）

もち粉と上新粉に砂糖、食紅を混ぜて蒸したもち。対馬市上県町佐護地区では冠婚葬祭に欠かせない。「うむす」は蒸すの意味。赤、黄、緑の3色が基本。ほうれん草で緑色を出すこともある。

柿の葉ずし
（石川県）

テングサを食紅で青く着色した「紺のり（すしも）」と赤い桜えびの配色は、石川のすしに欠かせない。祭りなどの行事の度につくられる。笹の葉ずしや箱型の押しずしでも見られる。

やせうま
（新潟県）

うるち米粉ともち粉に砂糖を加えたもちに食紅で動物柄や花柄が出るようにつくる。佐渡で旧暦2月15日の涅槃会（釈迦入滅の日）に、時期的にまだ少ない花の代わりに供える。

染飯《そめいい》
（静岡県）

くちなしの実で染めた山吹色のおこわ。江戸時代は疲労回復によい茶屋の名物として知られた。現在は祭りや祝いごとのときに、赤飯と同じ感覚で食べる。黒豆や黒ごまをふる。

花もち
（三重県）

春のお彼岸に食べるお菓子。蒸した米粉の生地であんを包んだもちに、食紅で色づけした生地をのせて木型で菊模様をつける。真ん中はよもぎを入れた草もち。

ひしもち
（山梨県）

ひな祭りにつくられる。もちをついて専用の木型に厚さが一定になるようにのばし、5段に重ね、ひな段に飾る。赤いもちは食紅の赤で、緑はよもぎの色。

協力／加藤カズ、佐藤恵美子（新潟県）、北場幸枝、川村昭子（石川県）、関口芳廣、松本美鈴（山梨県）、山田邦子、小川晶子（長野県）、内藤喜子、村上陽子（静岡県）、輝きネット・西三河、山本淳子（愛知県）、古谷純子、奥野元子（三重県）、対馬市食生活改善推進協議会上県支部、冨永美穂子（長崎県）

行事食で伝わる味と形、そして人々の願い

本書に掲載された各地の行事食を比較すると、地域特有の食べ方だけでなく、隣接した地域の類似性や食材を生かす工夫が見えてきます。レシピを読んで、つくって、食べるときに注目すると面白い、そんな視点を紹介します。

●たくさんつくる、大勢が食べる

行事食は、祭りでも葬儀でも、慶弔どちらであっても人が集まるため、大勢にふるまうことが前提の料理が多くなります。秋祭りにつくる福井の昆布巻き（p56）や、各種の冠婚葬祭に登場する新潟の佐渡煮しめ（p96）では、たくさんつくるからこそおいしくできるという記述があります。

煮物は煮汁の対流によって熱が伝えられ、調味料が拡散することで味がつきます。大量につくると調味の不均一や煮崩れなども起こりやすいのですが、今回の調理法を見ると落とし蓋を用いたり、火を止めて30分おいたり、常温で放置して余熱を利用することで、味の浸透を促し、煮崩れしにくくなったと考えられます。大勢でともにつくり食べることでおいしく感じるという心理的な面もあるでしょう。筆者にも、ごく幼いころ、地域の公民館で大勢が集まって料理をつくり、それをおよばれしたときのワイワイと楽しかった思い出が残っています。何の行事で何を食べたのか、今では定かではないのですが……。大勢で一緒につくると、料理上手な先輩から地域の味を教わるいい機会にもなっていたでしょう。

一方で、行事食にはそれぞれの家でたくさんつくって、互いにおすそ分けするという料理もあります。初午《はつうま》の行事食である茨城のすみつかれ（p13）は家々でつくったものを近所で分け合う習わしがあり、7軒からもらって食べるとその年は病気にならないそうです。こういうおすそ分けは、よその家の味を知る機会にもなりました（写真①も参照）。

愛知のお講大根（p80）では、お寺でのお講のときに近所の檀家が料理を持ち寄って人々にふるまうやり方もあったことがわかります。これは各家庭の味の品評会のようなもので、姑から代替わりする嫁が料理の腕を披露する場としたり、檀家の中の若い世代に味を伝承する役割も兼ねていたといいます。

●人の移動や外国から伝わる料理

埼玉のすみつかれ（p18）は炒り大豆と大根をベースにしたシンプルなものだったようですが、今は塩鮭やちくわ、さつま揚げなども入れる家もあり、嫁入りなどによる、近隣の茨城（p13）や栃木（p16）の影響かと指摘されています。

長崎のいぎりす（p113）は、イギリス草（いぎす）という海藻を煮溶かしてつくった寄せ物です。これは島原の乱後に瀬戸内から移住してきた人々が伝えたといわれているそうで、『いも・豆・海藻のおかず』では広島や愛媛から、よく似たいぎす豆腐が紹介されています。

外国から伝わり、その土地に根づいた料理もあります。兵庫の旧正月の大根もち（p19）は台湾や中国から伝わったもので、今では、神戸南京町の春節祭には欠かせない料理です。長崎の長崎天ぷら（p112）はポルトガルから伝来した料理といわれ、卓袱《しっぽく》料理の一つとして、また日常的にも地域の人々に愛されています。

隣近所から外国まで、さまざまなスケールで人が交わる中で行事や味が伝わり、今に至っていることがわかります（写真②、③も参照）。

鹿児島のななとこいのずし（レシピ掲載なし）。「七所（ななとこい）のずし（雑炊）」という意味で、数え年7歳になった子どもたちが、1月7日の七草の朝、親とともに近所・親戚を7軒回り「ずし」をもらい歩く風習がある。（著作委員・千葉しのぶ）（撮影／長野陽一）

大分・中津のけんちん（レシピ掲載なし）。葛を練って蒸した生地に煮豆ときくらげが浮く独特の菓子で、自宅での祝言の引き出物につくられた。長崎の普茶料理の「けんちん」を参考に考案されたのではないかという説がある。（協力・森文彦／著作委員・篠原壽子）（撮影／戸倉江里）

奈良市の節分の巻きずし（レシピ掲載なし）。恵方を向き、家族皆が無言で1本を食べきる。今でいう「恵方巻き」の風習が昭和40年頃にはすでに広まっていた。具材が飛び出ないように食べるのが難しく、お互いを見て声を立てずに笑った。（協力・稲田智子／著作委員・喜多野宣子）（撮影／五十嵐公）

●行事食の中での男女の役割

豊作を感謝する宮崎のだぎねん祭り（p64）の料理や、慶弔のもてなしで出される岐阜のつぎ汁（p94）をつくるのは男衆の役目だそうです。栃木の鮎のくされずし（p70）では、家の味を受け継いで全体を仕切るのは一家の主の役目という記述があります。葬儀の会葬者に出す三重のあいまぜ（p97）では、葬式の段取りや料理の買い物は男の仕事、女性は料理をつくる「内のこと」と役割が決められていたといいます。愛媛の卵寒天（p105）を大皿に宇和島城の石垣のように積み上げる盛りつけは、昔は男性の仕事だったそうです。群馬のしめ豆腐（p89）のように、豆腐をすだれで巻く作業はとても力がいるので男性がすると理由が述べられている場合もあります。

いろいろな経緯があって決まってきたのだろうと思いますが、これからの時代に向けては、男女で固定的に考えるのではなく、地域ごと、家ごとにできる形で継承していけばよいのだと思います。

●稲作にまつわる行事と料理

米が主食である日本では、農耕にまつわる行事は一年を通してあります。『三省堂　年中行事事典』（田中宣一・宮田登編、1999年）によると、春祭りは農村祭祀のうち予祝《よしゅく》儀礼を中心とし、秋祭りは収穫儀礼を中心としているそうです。本書においても春から夏にかけては山梨の田植え節句のやこめ（p33）、長野のお田植えの煮物（p34）、熊本のみょうがまんじゅう（p36）などは田植えを手伝ってくれる人たちをねぎらいながら、秋の豊作を田の神に祈る意味がこめられています。大阪のたこ酢と半夏生だんご（p40）は一年の農作業の半分が無事終了したのを祝って食べるもの。たこの吸盤のように稲がよく土に吸いつき、豊作になるのを願うといいます。宮崎のだぎねん祭り（p64）他、多くの秋祭りは収穫を感謝する祭りです。

●祭りの食べもの、お盆の食べもの

一方、夏祭りは日本の都市祭礼の中心であるとされ、除災儀礼でさまざまな災厄をもたらす原因の悪霊を鎮める意図があるということです。北海道の札幌まつり（p38）では悪魔祓いの神楽が奉納されるそうです。福島・会津田島の祇園祭（p43）は京都の祇園祭りにならった疫病除けの祭りです。大阪の天神祭り（p44）は疫病や天変地異を鎮めるために菅原道真公を祀ったことに始まるそうです。北海道では時しらず（鮭）の焼きびたし、福島では棒たら煮、大阪では鱧の湯引きというように、魚介がごちそうとして行事食の中心になっていることが多いようです。

これに対して、同じく夏の行事ですが、お盆はやはり仏事らしく、行事食は精進が中心になります（写真④も参照）。宮城のおくずかけ（p46）、千葉の七色ぜい（p47）、三重の盆汁（p48）、奈良の七色お和え（p49）、鹿児島の盆料理（p52）など、野菜中心ですが旬のものを使って彩りよくしたり、ごまや油揚げを使ってコクを加えるといった工夫をしています。もっとも、だしには煮干しも見られ、精進といっても厳格なものではないようです。

そんな中で目を引くのは福岡のたらわたの煮物（p50）、大分のたらおさ（p51）で、北海道から北前船で運ばれたたらのエラと胃袋の乾物を戻して煮た料理です。九州ではとれな

岩手・三陸地方ではところてん（左）を「てん」と呼ぶ（レシピ掲載なし）。海岸でとったてんぐさで手づくりし、お盆には欠かせないごちそうだった。仏壇には四角に切った「鏡てん」（右）を供え、食べるときに突く。（協力・佐々木梅子／著作委員・菅原悦子）（撮影／奥山淳志）

いたらの、それもエラと胃袋が、お盆に欠かせない料理になった背景に興味が湧きます。

●報恩講《ほうおんこう》で受け継がれる味

本書では「報恩講」で食べられる料理がp72～80に紹介されています。報恩講とは浄土真宗の行事で、開祖・親鸞聖人《しんらんしょうにん》の命日である11月28日に遺徳を偲《しの》ぶことに始まるそうです。この日に合わせて全国のご門徒がれんこん・椎茸・大根などの食材を持ち寄り一汁三菜のお斎《とき》をつくり、皆でいただいたことに出来しているとのこと。京都の東本願寺では今も毎年11月21日から28日の7昼夜にわたって勤める最も重要な法要です。

浄土真宗が盛んな北陸を中心に、福井3品、富山2品、岐阜1品、愛知1品の料理が掲載されています。また、他の巻で「報恩講のときに食べる料理」と紹介されているものも多数あります。例えば『肉・豆腐・麩のおかず』の「こくしょ」（石川）や『汁もの』の打ち豆汁（滋賀）などです。

料理は基本的には精進で、春の山菜や秋の果実や木の実など、それぞれの地域でとれる植物性の食品のできのよいものをさまざまな手法で保存しておき、この日のために使います。また、植物性たんぱく質の大豆製品の存在感が大きく、福井では油揚げやがんもどき（p72）、富山や岐阜ではかたくて大きい五箇山豆腐（p76）や石豆腐（p78）が目を引きます。そして親鸞聖人の好物といわれる小豆を使った料理も豊富です（p72、74、77）。他の生き物の命をいただくことで私たちの命をつないでいることの有難さを感じます。

●お膳で食べる行事食

日常の食生活では滅多に目にしなくなった膳の形式が、行事食では受け継がれています。岐阜のひな祭りの膳（p22）では髪のきれいな女の子に育つようにとわけぎの箸が添えられます。あさりとわけぎの酢味噌和えもみられます。春に旬を迎える貝とわけぎの「ぬた」は『野菜のおかず　春から夏』でも複数紹介されている、定番の組み合わせです。

北海道の札幌まつりの料理（p38）も、ごちそうを銘々の膳に並べます。神社のお参りや山車の見物に露店めぐりと、外での楽しみが多い祭りです。しかし、膳を整え家族で食事をする時間をもつことが、寒さが厳しい北海道で、初夏の訪れの喜びを家族で分かち合うという意味もあったのではないでしょうか。

岐阜のほんこさま料理（p78）では脚つきの膳に一汁三菜が並べられます。その他にも皿盛りとして7～20種類ほどの料理が盛りつけられるそうで、この日が一年の中でも重要な日であることが、膳を見ただけで伝わってきます。

山形の大黒様のお歳夜《としや》のお膳（p82）は、大黒様にお供えします。「まめに暮らす、まめに働く」を意味する黒豆や豆腐、味噌などの大豆加工品で豆づくしの料理を並べます。床の間に飾る大黒天や恵比寿天の掛け軸とともに、お膳も代々受け継がれてきたのでしょう。

●「つぼ（坪）」と「ひら（平）」

日本料理の正式な膳立てを本膳料理といいます。室町時代に確立した武家の儀礼食に始まり、江戸時代には民間の行事食にも広まりました。本書に紹介される料理にも、その形跡がみられます。広島のおつぼ（p101）や東京のひら（p90）は料理名ですが、元は本膳料理の器の名称から来ているようです。

『新版　日本の食文化―「和食」の継承と食育―』（江原絢子・石川尚子編著、2016年）によると、江戸時代の本膳料理形式（醍醐山人「料理早指南」）では、本膳には左に飯椀、右に本汁、汁の向こうになます、その左に坪を配するとあり、坪には汁けの少ない煮物などが盛られるとされています。二の膳に置かれる平皿（平椀ともいう）には汁のある煮物が入るとの記載があります。

福井の里芋と小豆の煮物（p74）は、つぼという器に入れて汁けはほとんどみられません。この料理そのものを「つぼ」と呼ぶこともあるそうです。広島のおつぼも、文献に記載されている通り、汁けの少ないものが盛りつけられていました。

　山口の大平《おおひら》（p102）は汁けの多い煮物ですが、東京のひらや岐阜のほんこさま料理の膳に見える「へら」（平のことでしょうか）に盛りつけられているのは汁けのない料理です。このあたりは本膳料理の平とは異なってきているのかもしれません。岐阜の菓子椀（p94）と山口の柏椀（p104）は、具がつかる程度にだし汁を注いでいます。これが、本膳料理の平椀の流れをくんでいるのではないかと思います。「菓子椀」は上方の呼び方で、本膳料理の平や茶懐石の煮物椀にあたるものです。

　ちなみに、東京のひらは盛り合わせる煮しめを5品か7品か9品と奇数にします。千葉の七色ぜい（p47）や奈良の七色お和え（p49）も、使用されている材料の数が奇数です。中国から伝わった陰陽説で奇数は「陽」・偶数は「陰」とされていて、日本では割り切れない数字がよいと考えられてきたという説があります。本膳料理も一汁三菜や二汁五菜など菜の数は必ず奇数とされています。三三九度、七五三、七草がゆというような言葉もあり、刺身なども奇数で盛りつけられることが多く、日本人の奇数好みが表れているようです。

●大皿料理の作法と盛りつけ

　行事食では、大勢で食べるための盛りつけに独特な形式が見てとれます。愛媛の鉢盛料理では卵寒天を皿の中央に段々に積み上げる「石垣盛り」をし、その奥に山のもの、手前に海のものを盛ることで、さながら宇和島城を表現しているようだとあります（p105）。高知の皿鉢料理（p110）では刺身の「生」と、姿ずしや巻きずしに煮物、揚げ物、和え物、果物、甘い物を盛りこんだ「組み物」のセットが基本で、組み物には魚や野菜・果物とともに山菜やこんにゃくなど山の幸も必ず入れるということです。愛媛も高知も、地域の自然を丸ごと表現しているようです。

　宮崎のだぎねん祭りの料理（p64）に見られる、豆腐とはすがらを盛った大皿も併せて見ると、丸い大皿料理の盛りつけは、中心部に核になるものを置き、その周囲の面積を均等に割って盛ることで美しく見えるようです。

●無駄にしない行事食

　行事食はごちそうですが、無駄なくつくる工夫も随所にみられます。茨城のすみつかれ（p13）や栃木のしもつかれ（p16）では、冬も終盤になり、すが入るようになった大根やとうが立ったにんじん、また正月の塩鮭の残りの頭などを使い無駄を出さない始末のいい料理であるとされています。栃木の福茶（p12）は、節分でまいた炒り豆を使って香ばしいお茶をいれています。佐賀の煮ごみ（p63）も、おくんち料理をいろいろつくったあとに残った切れ端や余った食材を煮こんだ料理ですが、そこに小豆や焼きさばのほぐしたものを入れることでごちそうにしています。

　沖縄の重箱料理（p28）は、最初に豚三枚肉の煮物をつくり、その後豚の旨みが出た煮汁とかつおだしで他の材料を次々に煮しめていくという、合理的で無駄のない料理法です（写真⑤も参照）。今世界中で叫ばれているSDGsの考え方も、日本では脈々と受け継がれていることがわかりました。

＊　＊　＊

　徳島の遊山箱《ゆさんばこ》（p24）や広島の花見弁当（p26）を見て読んでいると、冬が明け春を感じる季節に外へ出かける楽しさが、その料理の色彩やお弁当箱の色からも感じられます。２０２０年からの足かけ2年というもの、多くの行事を行なうことが難しくなりました。季節を感じる行事、人生の節目の行事など、人々が集いそこで伝えられるその意味や意義、そして料理、そのような機会が一日も早く戻ることを願ってやみません。

（東根裕子）

新潟・村上の大海（だいかい）（レシピ掲載なし）。まずだし汁で鶏肉を、次に干し椎茸、たけのこ、豆腐などを1品ずつ煮てはとり出し、最後に旨みの出た煮汁で味のない糸こんにゃくを煮しめ、大きな大海椀に盛りつける。（協力・本間キト、本間久一／著作委員・伊藤直子、玉木有子）（撮影／高木あつ子）

調理科学の目 1

行事食から見直す日本文化

大越ひろ（日本女子大学名誉教授）

●人生儀礼と年中行事

全国には各地域で育まれた行事があり、行事に欠かせない料理（いわゆる行事食）があります。行事食は人々が慣れ親しみ、地域の文化を受け継いでいく大切な入り口です。本書でとりあげる行事には、大きく分けて人生儀礼と年中行事があります。

人生儀礼は通過儀礼あるいは冠婚葬祭ともいわれます。冠（元服＝成人式）、婚礼、葬儀、祖先の祭礼が日本古来の四大礼式とされ、他に誕生や七五三など、人間が成長していく節目で行なわれる行事も含みます。

年中行事とは、主に生業を営む上で必要になってくる年間の暦を中心にして決められた行事のことを指します。職業ごとに仕事始めや中休み、仕事納めなどの区切りがあり、そのための儀礼がありました。

さらに、天災や疫病など、その時の特別な出来事に対処する儀礼があり、それが行事になっていくこともあります。各地でみられる祇園祭りも、京都八坂神社の疫病除けを祈願する祇園御霊会《ごりょうえ》に始まります。現代でいえばコロナ禍の収束を願って行なわれる儀礼のようなものです。

これらの諸行事では、神仏や先祖にお供えして、ほぼ同じものを参加者がいただく行事食が受け継がれてきました。現代では、その料理が伝統的な行事を思い出すきっかけにもなっています。

●新暦と旧暦と月遅れ

日本を含む多くの社会は、「太陽暦（グレゴリオ暦）」を採用しています。日本で、この太陽暦が採用されたのは明治5年（１８７２年）で、それまでの太陰太陽暦を「旧暦」、太陽暦を「新暦」と呼んでいます。旧暦の正月（旧正月）は、年によって新暦の１月1日とのずれが生じます（※1）。ちなみに、２０２０年の旧正月は1月25日であり、２０２１年の旧正月は、2月12日でした。

本書では、神戸（兵庫県）の大根もち（p19）が旧正月（春節）のお祝いの行事食として掲載されています。この大根もちは台湾や中国南部の行事に由来するといわれ、神戸の行事食として定着しています。横浜や長崎の中華街でも食べられています。

新暦・旧暦に加えて、月遅れという日取りの方法もあります。ひな祭りは多く新暦の3月3日に行なわれますが、本書では岐阜県（p22）や徳島県（p24）で月遅れの4月3日に祝うとされています。

盆行事は、東京都の都市部などでは、新暦に従い7月13日から16日に実施されています。しかし、全国的には月遅れの8月13日から15日（16日）に行なわれることが多く、この時期の帰省ラッシュが例年話題になります。

なお、沖縄県の行事は、現在も旧暦で行なわれることが多く、盆行事は年によって新暦の9月に入って行なわれることもあります。

●行事食の彩《いろどり》と数

行事食は、晴れ（ハレ）の日の食事です。普段（ケ）の食事よりも一段と鮮やかな彩の食事となり、特別な日であるその日の人びとの気持ちの高揚を表しています。

日本の祝いの典型的な色は紅白ですが、さらに行事食には見た目も鮮やかな彩が並びます。石川県の五色生菓子（p92）は、結婚式の引き出物として、「日（白＋赤）・月（白）・山（黄）・海（波頭の白）・里（黒）」の天地の恵みへの畏敬の念を表現しています。色彩がその地域の習俗を象徴しています（※2）。

奈良県のお盆では、七色お和え（p49）がご先祖様にお供えされます。夏に収穫できる初物などの7種の野菜を組み合わせた和え物です。また、三重県の盆汁（p48）は7種の夏野菜中心の味噌汁で、やはりお盆につくられます。千葉県の七色ぜい（p47）は、7色の色とりどりのせん切り野菜をごま和えにしたものでご先祖様への畏敬の念が表れています。

祝いごとの食事には、七五三の行事のように、7、5、3という数字が好まれます。その由来は諸説ありますが、数が多く豊かであることを表しているとか、2で一組なので、奇数はさらにもう一つの祝いごとを待望していることを示す、ともいわれています。

日々の仕事に忙しい普段（ケ）の食事は手軽に、素早く調理するものですが、行事食は数日、ときには1週間かけて調理する場合もあります。手間暇かけたその地域ならではの工夫がこめられた独特な料理です。

●鬼おろしがつくる食感

冬の行事食に鬼おろしを用いた調理法が4～5品みられます。福島県（つむじかりp14）、栃木県（しもつかれp16）、茨城県（すみつかれp13）、埼玉県（すみつかれp18）など北関東周辺にみられる料理で使われています。また、三重県（p81）でも「ガタガタおろし」の調理器具として鬼おろしが登場します。

鬼おろしは、竹製の目の粗い刃がついていて、これで大根をおろすと大根を食べている感が残るそうです。一方、一般家庭にあるおろし金でおろすと繊維が細かくなり、なめらかな口あたりになりますが、大根から水分と辛みが出てしまうといわれています。

ではその他に、おろし金にはどのような種類があるのでしょうか。丸い平面のお皿に、三角錐の刃が石臼の目立てと同じように並んでいるセラミックのおろし器があります。どの角度からおろしても、力を入れずに食材がおろせるよう、刃が配置されており、片手でもおろせる仕様になっています。

おろし金の中で、特に上質な素材といわれているのが銅製です。銅は鋭い刃で、切れ味が抜群。裏返すと刃が小さくなっているため、わさびやしょうがなどの小ぶりの薬味野菜がおろせる仕様になっています。食材の繊維だけを断ち切って、細胞を必要以上に切らなくてすむため、きめ細かくできあがります。他に、サメ肌のおろしもあります。

現在、フードプロセッサー（フードカッター）は2500回／分程度で金属のおろしカッターを回転させることが可能です。短時間になめらかできめ細かな外観のおろしが完成します。ただ、実際に食べてみた舌触りや歯触りで比較すると、図のように銅製のおろし金に軍配が上がっています（※3）。銅製のおろし金は手おこし水平刃なので、繊維方向に斜めに当てることが多く、細胞が破壊されにくく繊維が比較的長く残っています。フードプロセッサーでは、回転するおろしカッターが繊維をランダムな方向に短く切るので繊維が細かくなり、水分もたくさん出るので、なめらかな食感に感じる人が多いようです。

これと比較すれば、鬼おろしを使うと銅製のおろし金よりもさらに繊維が長く残りやすくなり、水分が出にくく、空気を含みやすくふわふわな食感になり、調味料を含みやすいおろしができる（p14）ということのようです。

なめらかさなどのテクスチャーの好みは世代間で差がみられるという研究もあります。現代人は現代の器具でおろしたものをおいしいと感じることもありますが、鬼おろしのような伝統的な道具がつくる「おいしさ」も知ってほしいと思います。食から日本文化の特徴を見直す機会として、コロナ禍を越えて、大勢でともに食べる行事食の場を広く少しでも早くとり戻していきたいものです。

【※1】中牧弘允著『カレンダーから世界を見る』（白水社）（2008年）
【※2】小林忠雄著『色彩のフォークロア―都市のなかの基層感覚』（雄山閣）（1993年）
【※3】松田康子、松本仲子「調理法の簡便化が食味に及ぼす影響―和え物、浸し物などについて」『日本調理科学会誌』第32巻1号（1999年）

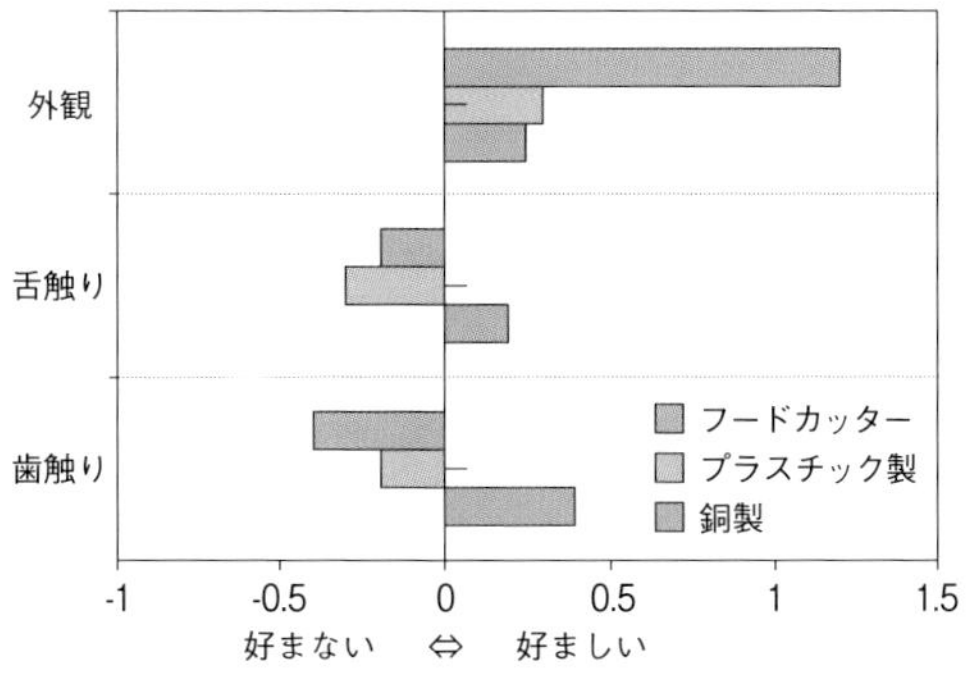

図　大根おろしの調理器具による官能評価結果（【※3】を参考に作成）

調理科学の目2

郷土料理の素晴らしさを科学する

三成由美（中村学園大学名誉教授）

表　幼児における食事・生活習慣と腸内細菌叢の割合（味噌汁摂取回数）（%）

推定される菌群	味噌汁摂取回数		
	3日で1回以下 (n=30)	3日で2回以上 (n=37)	p値
Bifidobacterium	5.5±2.4	9.4±2.0	0.006**
Lactbacillales 目	2.7±2.1	2.9±2.6	0.717
Bacteroides	40.7±9.8	38.9±11.7	0.493
Prevotella	15.2±2.4	4.2±7.0	0.188
Clostridium cluster IV	12.0±4.9	13.0±6.8	0.491
Clostridium subcluster XIVa	18.9±4.6	16.1±5.0	0.023*
Clostridium cluster IX	2.4±3.6	3.6±2.2	0.144
Clostridium cluster XI	0.8±2.9	1.4±2.9	0.086
Clostridium cluster XVIII	1.5±2.5	1.3±1.9	0.546

Bifidobacteriumはビフィズス菌。他は主要な腸内細菌群を示す。　（三成、未発表）
平均値±標準偏差　　*p<0.05、**p<0.001

先人の知恵と経験から生まれた薬膳は、中医学の基礎理論に基づき、その土地の気候・風土に合った食材や個人の体質に適した食材を季節ごとに選びます。それを色・香り・形・味よく調理し、毎日食べておいしく健康増進に貢献できる食事（※1）です。つまり、郷土でとれる食材でつくる伝統食を、個人に合わせてつくる家庭料理が最高の薬膳となるのです。私たちの「日本型薬膳」研究では、現代医学や栄養学の成果を取り入れ、腸内環境の視点からも評価するため次世代シーケンス（NGS）アンプリコン解析による腸内細菌叢の分析研究も始めています（後述）。

食物繊維不足にはご飯を

栄養的にバランスがよいといわれる日本食ですが、厚生労働省の「日本人の食事摂取基準2020年版」において目標量を満たしていない栄養素は食物繊維です。四季16週間の長期食生活調査を行なって得られた有効データ34名において、季節別に総食物繊維摂取量に寄与率が高い食材の第1位は精白米であり、全体の10・3%を占めていました（※2）。穀物の摂取は年々減少傾向ですが、主食である穀物を見直すことが健康増進のカギだと考えます。

だしのとり方でCO_2削減

調理操作とCO_2排出量の関係を研究したところ、煮干しを丸ごと、すぐに煮出し始めて15分加熱した場合と、頭と内臓を取り除き、背骨に沿って裂いて表面積を広げて120分浸漬してから10分加熱した場合とで、だし汁中のイノシン酸、グアニル酸の数値に差は認められませんでした。昔ながらのだしのとり方が、加熱時間を少なくしてCO_2を削減し、変わらぬおいしさをつくる方法であることがわかりました（※3）。

味噌汁と腸内細菌

だし汁といえば味噌汁です。幼児の腸内細菌叢と味噌汁摂取の習慣の関係について調査解析してみました。味噌汁を3日に2回以上摂取する幼児は、3日に1回以下の幼児と比べると腸内細菌叢におけるビフィズス菌の割合が5%レベルで有意に高いことが示唆されました（表）。

福岡県出身の貝原益軒は『養生訓』で「味噌、性和にして脾胃を補ふ（味噌は他の調味料に比べて、脾・胃に優しい）」と述べています。味噌は各地域の食材を使い家庭でつくることの可能な調味料。家ごとに色、香り、味も異なり種類も多く、まさにわが家の健康家庭料理のキーパーソン的存在といえるでしょう。2016年4月に発生した熊本地震の際、熊本県益城町での炊き出しに参加させていただきました。住民の皆さんが求める命の源の食は、家庭の日常の温かい料理であり、少し甘味のある味噌汁でした（※4）。

「伝え継ぐ 日本の家庭料理」全16冊には、主食（ご飯）をしっかり食べる料理、昔ながらの調理方法、だしや味噌を生かした伝統食などが地域それぞれの味として記録されています。次世代への宝物として、健康や環境の視点からも大きく活用されることを祈っています。

【※1】徳井教孝、三成由美他著『薬膳と中医学』（建帛社）（2003年）
【※2】徳井教孝、三成由美他「長期食生活調査における食物繊維摂取量の算定」『日本食物繊維研究会誌』第3巻1号（1999年）
【※3】Minari Y, Mitarai, et al., Relationship between taste and CO_2 emissions in rice and soup cooking methods with different heating profile. EATOLOGY STUDY NO.3 SDGs AND FOOD PROBLEMS 144-168, 2019
【※4】入来寛、三成由美他「災害時における管理栄養士のためのメニュー開発とそのツールの作成」『中村学園大学薬膳科学研究所研究紀要』第9号（2017年）

都道府県別　掲載レシピ一覧

●1つが掲載した料理1項目を表します。

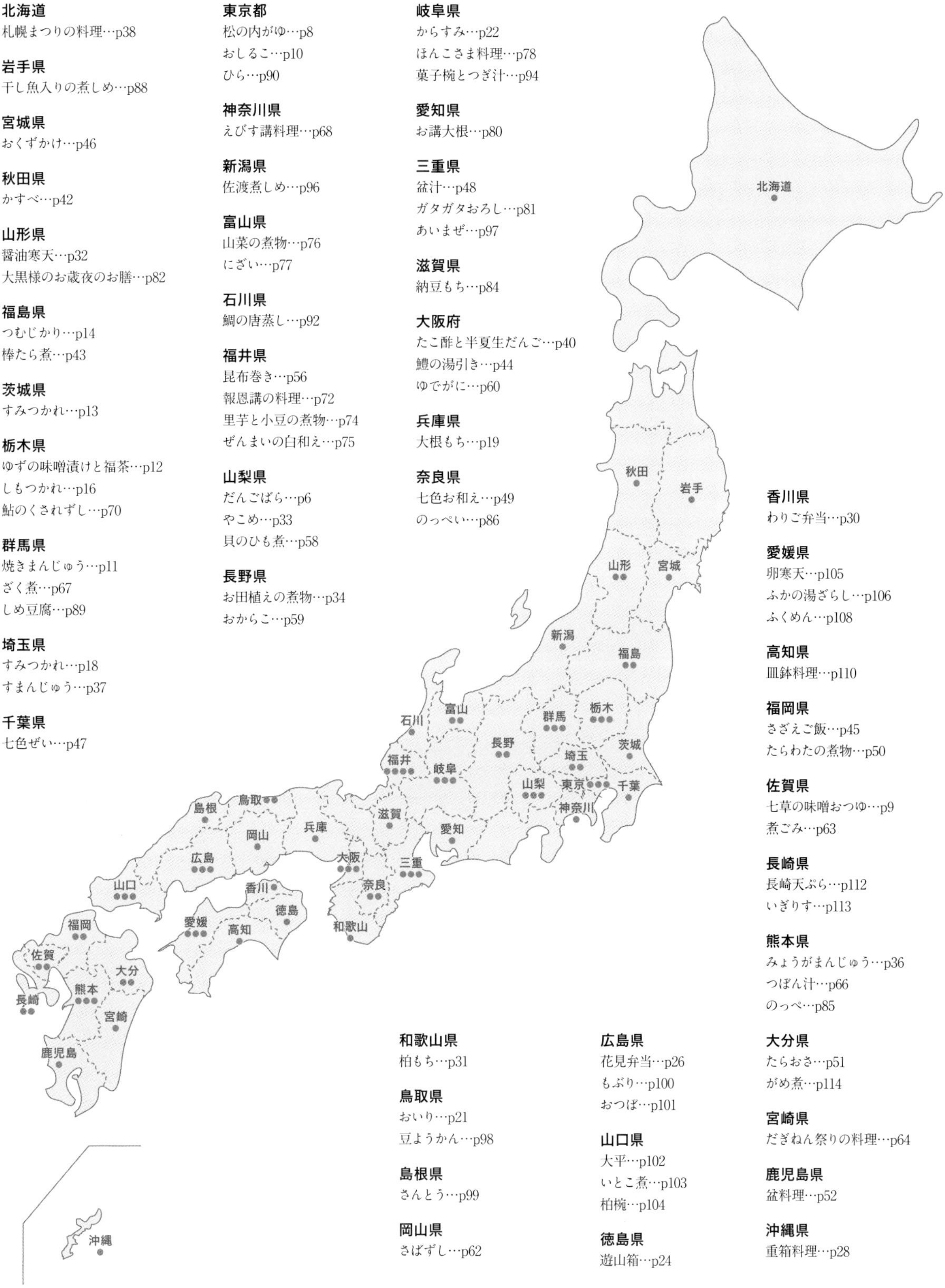

豆(大豆以外)・種実・豆加工品

魚介

魚介加工品

海藻

肉・卵

果物

米・米加工品

麦加工品

その他

※味噌、醤油、塩、酒、みりん、上白糖、油、だし素材は含めない。項目ごとに五十音順。

素材別索引

野菜・野菜加工品

山菜・野草・山菜加工品

いも・いも加工品

きのこ・きのこ加工品

大豆・大豆加工品

その他の協力者一覧

本文中に掲載した協力者の方々以外にも、調査・取材・撮影等でお世話になった方々は各地にたくさんおいでです。ここにまとめて掲載し、お礼を申し上げます。（敬称略）

青森県　さんのへ農産加工友の会、笹森得子

岩手県　里見美香子

宮城県　佐藤みさを、齋藤幸子、渡邉弘子、相澤俊子

山形県　春山進

栃木県　企業組合らんどまあむ

埼玉県　たかさかすまんじゅうの会

新潟県　加藤初美、佐渡市役所・吉良美代子

福井県　吉田三恵、松田文代、伊予知江子、後藤あゆみ、高岡澄江、たんなんＪＡ女性部三代会、土の駅今庄

山梨県　中島進一、三枝千歳、荻野シゲ子

大阪府　倉田裕子、黒門　魚豊

和歌山県　那賀振興局・森博子、海草振興局・武田眞理、伊都振興局・大東京子

島根県　島根県食生活改善推進協議会、金高梅子、田子ヨシエ、島根県立大学（平成28年度学術研究特別助成金）

広島県　大竹市食生活改善推進協議会

山口県　岩国じゃげな会、岩国市生活改善実行グループ連絡協議会、山口県岩国農林水産事務所農業部担い手支援課

徳島県　山崎妙子

愛媛県　平岡輝美、宮本三枝子、薬師寺美保、山崎京子、山下仁佐栄、河野清隆

高知県　松﨑淳子、坂本正子、小松利子、池田登子、田中満意、岩目博子、山本都子、尾﨑栄一、森田典子

福岡県　徳永紀子、松本早苗、平田敏子、広瀬節子、今川弘子、田代紀代、龍眞佐子、松隈紀生

長崎県　島原市食生活改善推進員協議会、島原市福祉保健部保険健康課健康づくり班

熊本県　恒松ヤエ子

大分県　吉岡信、後藤功一、楢本譲司、谷原一郎、久保なづき、上久保陽子

宮崎県　川南町孫谷振興班、江藤美穂子、田中洋子

「伝え継ぐ 日本の家庭料理」著作委員一覧

（2021年7月1日現在）

北海道　菅原久美子（元札幌国際大学短期大学部）／菊地和美（藤女子大学）／坂本恵（札幌保健医療大学）／木下教子（北翔大学）／土屋律子（元北翔大学）／藤本真奈美（光塩学園女子短期大学）／村上知子（元北海道教育大学）／山口敦子（元天使大学）／佐藤恵（光塩学園女子短期大学）／伊木亜子（函館短期大学）／畑井朝子（元函館短期大学）／宮崎早花（酪農学園大学）／田中ゆかり（光塩学園女子短期大学）

青森県　北山育子（柴田学園大学短期大学部）／安田智子（柴田学園大学短期大学部）／真野由紀子（元東北女子短期大学）／熊谷貴子（青森県立保健大学）／今井美和子（東北栄養専門学校）／澤田千晴（柴田学園大学短期大学部）／下山春香（元東北女子短期大学）

岩手県　髙橋秀子（修紅短期大学）／長坂慶子（岩手県立大学盛岡短期大学部）／魚住恵（元岩手県立大学盛岡短期大学部）／菅原悦子（元岩手大学）／村元美代（盛岡大学）／渡邉美紀子（修紅短期大学）／冨岡佳奈絵（修紅短期大学）／佐藤佳織（修紅短期大学）／阿部真弓（元修紅短期大学）／松本絵美（岩手県立大学盛岡短期大学部）／岩本佳恵（岩手県立大学盛岡短期大学部）

宮城県　高澤まき子（仙台白百合女子大学）／野田奈津実（尚絅学院大学）／和泉眞喜子（元尚絅学院大学）／宮下ひろみ（東都大学）／濟渡久美（尚絅学院大学）／矢島由佳（仙台白百合女子大学）

秋田県　髙山裕子（聖霊女子短期大学）／熊谷昌則（聖霊女子短期大学）／長沼誠子（元秋田大学）／山田節子（元聖霊女子短期大学）／三森一司（聖霊女子短期大学）／髙橋徹（秋田県総合食品研究センター）／逸見洋子（元秋田大学）／大野智子（青森県立保健大学）／駒場千佳子（女子栄養大学）

山形県　齋藤寛子（山形県立米沢栄養大学）／宮地洋子（東北生活文化大学短期大学部）／平尾和子（愛国学園短期大学）／佐藤恵美子（元新潟県立大学）

福島県　柳沼和子（郡山女子大学）／加藤雅子（郡山女子大学短期大学部）／會田久仁子（郡山女子大学短期大学部）／中村恵子（福島大学）／津田和加子（元桜の聖母短期大学）／福永淑子（文教大学）／阿部優子（元郡山女子大学短期大学部）

茨城県　渡辺敦子（元茨城キリスト教大学）／荒田玲子（常磐大学）／吉田恵子（晃陽看護栄養専門学校）／石島恵美子（茨城大学）／飯村裕子（常磐大学）／野口元子

栃木県　名倉秀子（十文字学園女子大学）／藤田睦（佐野日本大学短期大学）

群馬県　綾部園子（高崎健康福祉大学）／堀口恵子（東京農業大学）／神戸美恵子（桐生大学）／阿部雅子（高崎健康福祉大学）／高橋雅子（共愛学園前橋国際大学短期大学部）／永井由美子（群馬調理師専門学校）／渡邉静（共愛学園前橋国際大学短期大学部）

埼玉県　島田玲子（埼玉大学）／河村美穂（埼玉大学）／土屋京子（東京家政大学）／加藤和子（東京家政大学）／成田亮子（東京家政大学）／名倉秀子（十文字学園女子大学）／木村靖子（十文字学園女子大学）／松田康子（女子栄養大学）／駒場千佳子（女子栄養大学）／徳山裕美（帝京短期大学）

千葉県　渡邊智子（東京栄養食糧専門学校）／柳沢幸江（和洋女子大学）／今井悦子（聖徳大学（非））／石井克枝（元千葉大学）／中路和子／梶谷節子／大竹由美

東京都　加藤和子（東京家政大学）／宇和川小百合（東京家政大学）／赤石記子（東京家政大学）／伊藤美穂（十文字学園女子大学）／色川木綿子（東京家政大学）／大久保洋子（元実践女子大学）／香西みどり（元お茶の水女子大学）／佐藤幸子（実践女子大学）／白尾美佳（実践女子大学）／成田亮子（東京家政大学）

神奈川県　櫻井美代子（元東京家政学院大学）／大越ひろ（元日本女子大学）／増田真祐美（成立学園高等学校）／大迫早苗（相模女子大学短期大学部）／酒井裕子（相模女子大学）／清絢／小川暁子（神奈川県農業技術センター）／河野一世（奈良食と農の魅力創造国際大学校）／津田淑江（元共立女子短期大学）

新潟県　佐藤恵美子（元新潟県立大学）／太田優子（新潟県立大学）／立山千草（新潟県立大学）／山口智子（新潟大学）／伊藤直子（元新潟医療福祉大学）／玉木有子（大妻女子大学）／伊藤知子（新潟県栄養士会）／小谷スミ子（元新潟大学）／山田チヨ（新潟県栄養士会）／松田トミ子（新潟県栄養士会）／長谷川千賀子（悠久山栄養調理専門学校）／渡邊智子（東京栄養食糧専門学校）

富山県　守田律子（元富山短期大学）／中根一恵（富山短期大学）／深井康子（元富山短期大学）／原田澄子（金沢学院短期大学）／稗苗智恵子（富山短期大学）

石川県　新澤祥恵（北陸学院大学短期大学部）／川村昭子（元金沢学院短期大学）／中村喜代美（北陸学院大学短期大学部（非））

福井県　佐藤真実（仁愛大学）／森恵見（仁愛女子短期大学）／谷洋子（元仁愛大学）／岸松静代（元仁愛女子短

期大学）

山梨県　時友裕紀子（元山梨大学）／阿部芳子（元相模女子大学）／松本美鈴（元大妻女子大学）／坂口奈央（山梨県立甲府城西高等学校）

長野県　中澤弥子（長野県立大学）／吉岡由美（元長野県短期大学）／高崎禎子（信州大学）／小木曽加奈（長野県立大学）／小川晶子（長野県立大学）

岐阜県　堀光代（岐阜市立女子短期大学）／西脇泰子（元岐阜聖徳学園大学短期大学部）／長屋郁子（岐阜市立女子短期大学）／坂野信子（東海学園大学（非））／木村孝子（東海学院大学）／辻美智子（名古屋女子大学）／横山真智子（各務原市立鵜沼中学校）／山根沙季（中京学院大学短期大学部）／長野宏子（元岐阜大学）

静岡県　新井映子（元静岡県立大学）／高塚千広（東海大学）／市川陽子（静岡県立大学）／伊藤聖子（梅花女子大学）／神谷紀代美（浜松調理菓子専門学校）／川上栄子（元常葉大学）／清水洋子（元静岡英和学院大学短期大学部）／竹下温子（静岡大学）／中川裕子（実践女子大学）／村上陽子（静岡大学）

愛知県　西堀すき江（元東海学園大学）／小出あつみ（名古屋女子大学）／近藤みゆき（名古屋文理大学短期大学部）／石井貴子（名古屋文理大学短期大学部）／小濱絵美（名古屋文理大学短期大学部）／加藤治美（元名古屋文理栄養士専門学校）／山内知子（元名古屋女子大学）／松本貴志子（元名古屋女子大学短期大学部）／間宮貴代子（名古屋女子大学）／伊藤正江（至学館大学）／森山三千江（愛知学泉大学）／山本淳子（愛知学泉短期大学）／野田雅子（愛知淑徳大学（非））／廣瀬朋香（元東海学園大学）／亥子紗世（元東海学園大学）／筒井和美（愛知教育大学）／羽根千佳（元東海学園大学）

三重県　磯部由香（三重大学）／飯田津喜美（三重短期大学）／水谷令子（元鈴鹿大学）／成田美代（元三重大学）／平島円（三重大学）／久保さつき（元鈴鹿大学）／鷲見裕子（元高田短期大学）／乾陽子（鈴鹿大学短期大学部）／駒田聡子（皇學館大学）／阿部稚里（三重短期大学）／奥野元子（元島根県立大学短期大学部）／萩原範子（元名古屋学芸大学短期大学部）／小長谷紀子（安田女子大学）

滋賀県　中平真由巳（滋賀短期大学）／山岡ひとみ（滋賀短期大学）／石井裕子（武庫川女子大学（非））／小西春江（園田学園女子大学短期大学部）／久保加織（滋賀大学）／堀越昌子（元滋賀大学）

京都府　豊原容子（京都華頂大学）／湯川夏子（京都教育大学）／桐村ます美（元成美大学短期大学部）／河野篤子（元京都女子大学）／坂本裕子（京都華頂大学）／福田小百合（京都文教短期大学）／米田泰子（元京都ノートルダム女子大学）

大阪府　東根裕子（甲南女子大学）／八木千鶴（千里金蘭大学）／阪上愛子（元堺女子短期大学）／澤田参子（元奈良文化女子短期大学）／原知子（滋賀短期大学）／山本悦子（元大阪夕陽丘学園短期大学）

兵庫県　田中紀子（神戸女子大学）／片寄眞木子（元神戸女子短期大学）／坂本薫（兵庫県立大学）／富永しのぶ（兵庫大学）／本多佐知子（元金沢学院短期大学）／中谷梢（関西福祉科学大学）／作田はるみ（神戸松陰女子学院大学）／原知子（滋賀短期大学）

奈良県　喜多野宣子（大阪国際大学）／志垣瞳（元帝塚山大学）／三浦さつき（奈良佐保短期大学）／島村知歩（奈良佐保短期大学）

和歌山県　青山佐喜子（元大阪夕陽丘学園短期大学）／三浦加代子（園田学園女子大学）／川原﨑淑子（元園田学園女子大学短期大学部）／橘ゆかり（神戸松蔭女子学院大学）／川島明子（園田学園女子大学）／千賀靖子（元樟蔭東短期大学）

鳥取県　松島文子（元鳥取短期大学）／板倉一枝（鳥取短期大学）

島根県　石田千津恵（島根県立大学）／藤江未沙（松江栄養調理製菓専門学校）

岡山県　藤井わか子（美作大学短期大学部）／青木三恵子（高知大学（客））／小川眞紀子（ノートルダム清心女子大学）／槇尾幸子（元中国学園大学）／大野婦美子（元くらしき作陽大学）／藤堂雅恵（美作大学）／人見哲子（美作大学）／新田陽子（お茶の水女子大学）／我如古菜月（福山大学）／加賀田江里（中国短期大学）／藤井久美子（山陽学園大学）

広島県　岡本洋子（元広島修道大学）／村田美穂子（広島文化学園短期大学）／渡部佳美（広島女学院大学）／石井香代子（福山大学）／奥田弘枝（元広島女学院大学）／海切弘子（広島文化学園短期大学）／上村芳枝（元比治山大学）／木村留美（広島国際大学）／近藤寛子（福山大学）／渕上倫子（元福山大学）／前田ひろみ（広島文化学園短期大学）／木村安美（九州大学）／高橋知佐子（元福山大学）／塩田良子（広島文教大学）／政田圭子（元鈴峯女子短期大学）／小長谷紀子（安田女子大学）／山口享子／向島佳織（比治山大学）

山口県　五島淑子（山口大学）／園田純子（山口県立大学）／池田博子（元西南女学院大学短期大学部）／櫻井菜穂子（元宇部フロンティア大学短期大学部）／廣田幸子（山陽学園短期大学）／福田翼（水産大学校）／山本由美（元池坊短期大学）／森永八江（山口大学）

徳島県　髙橋啓子（四国大学）／金丸芳（徳島大学）／松下純子（徳島文理大学短期大学部）／長尾久美子（徳島文理大学短期大学部）／近藤美樹（徳島文理大学）／後藤月江（四国大学短期大学部）／三木章江（四国大学短期大学部）／川端紗也花（四国大学）／坂井真奈美（徳島文理大学短期大学部）

香川県　次田一代（香川短期大学）／加藤みゆき（元香川大学）／川染節江（元明善短期大学）／村川みなみ（香川短期大学）／渡辺ひろ美（香川短期大学）

愛媛県　亀岡恵子（松山東雲短期大学）／宇高順子（愛媛大学）／香川実恵子（松山東雲女子大学（非））／武田珠美（熊本大学）／皆川勝子（元松山東雲短期大学）

高知県　小西文子（東海学院大学）／五藤泰子（元東海学院大学）／野口元子／福留奈美（東京聖栄大学）

福岡県　三成由美（中村学園大学）／松隈美紀（中村学園大学）／宮原葉子（中村学園大学）／入来寛（中村学園大学）／御手洗早也伽（中村学園大学）／熊谷奈々（中村学園大学）／大仁田あずさ（元中村学園大学）／八尋美希（近畿大学九州短期大学）／秋永優子（福岡教育大学）／川島年生（元中村学園大学）／新冨瑞生（九州女子大学）／末田和代（元精華女子短期大学）／楠瀬千春（九州栄養福祉大学）／仁後亮介（中村学園大学短期大学部）／吉岡慶子（元中村学園大学）／猪田和代（元太刀洗病院）／山本亜衣（九州女子大学）

佐賀県　西岡征子（西九州大学短期大学部）／副島順子（元西九州大学）／武富和美（西九州大学短期大学部）／萱島知子（佐賀大学）／成清ヨシヱ（元西九州大学短期大学部）／橋本由美子（西九州大学短期大学部（非））

長崎県　冨永美穂子（広島大学）／久木野睦子（活水女子大学）／植村百江（長崎県立大学）

熊本県　秋吉澄子（尚絅大学短期大学部）／北野直子（元熊本県立大学）／戸次元子（老健施設もやい館）／川上育代（尚絅大学）／原田香（尚絅大学短期大学部）／中嶋名菜（熊本県立大学）／小林康子（尚絅大学短期大学部）／柴田文（尚絅大学短期大学部）

大分県　西澤千惠子（元別府大学）／篠原壽子（元東九州短期大学）／立松洋子（元別府大学短期大学部）／望月美左子（別府溝部学園短期大学）／高松伸枝（別府大学）／宇都宮由佳（学習院女子大学）／山嵜かおり（東九州短期大学）／麻生愛子（東九州短期大学）

宮崎県　篠原久枝（宮崎大学）／長野宏子（元岐阜大学）／磯部由香（三重大学）／秋永優子（福岡教育大学）

鹿児島県　木之下道子（鹿児島純心女子大学）／木下朋美（鹿児島県立短期大学）／進藤智子（鹿児島純心女子短期大学）／山﨑歌織（鹿児島女子短期大学）／木戸めぐみ（鹿児島女子短期大学）／大倉洋代（鹿児島女子短期大学（非））／大富あき子（東京家政学院大学）／大山典子（鹿児島純心女子短期大学）／新里葉子（鹿児島純心女子大学）／福元耐子（鹿児島純心女子大学）／山下三香子（鹿児島県立短期大学）／大富潤（鹿児島大学）／竹下温子（静岡大学）／千葉しのぶ（千葉しのぶ鹿児島食文化スタジオ）／久留ひろみ（奄美食育食文化プロジェクト）／森中房枝（長崎純心大学）

沖縄県　田原美和（琉球大学）／森山克子（元琉球大学）／喜屋武ゆりか（沖縄大学）／大城まみ（琉球大学）／名嘉裕子（デザイン工房美南海）

あじの玉蒸しの蒸し上がり（高知県安芸市）　写真／長野陽一

左上から右へ、花見弁当の巻きずしをつくる（広島県広島市南区）、どんど焼き（山梨県山中湖村）、鉢盛料理（愛媛県宇和島市）、報恩講の料理を盛りつける（福井県福井市）、盆の膳をお供えする（三重県松阪市）、鮎のくされずしをつくる（栃木県宇都宮市）、ズミの木の枝先にだんごを刺し、だんごばらをつくる（山梨県山中湖村）　写真／高木あつ子、五十嵐公、長野陽一

全集

伝え継ぐ 日本の家庭料理

四季の行事食

2021年12月10日　第1刷発行
2022年8月25日　第2刷発行

企画・編集
一般社団法人 日本調理科学会

発行所
一般社団法人 農山漁村文化協会
〒107-8668 東京都港区赤坂7-6-1
☎ 03-3585-1142（営業）
☎ 03-3585-1145（編集）
FAX 03-3585-3668
振替 00120-3-144478
https://www.ruralnet.or.jp/

アートディレクション・デザイン
山本みどり

制作
株式会社 農文協プロダクション

印刷・製本
凸版印刷株式会社

＜検印廃止＞
ISBN978-4-540-19196-1

定価はカバーに表示

表紙裏写真／長野陽一（p78 岐阜県・ほんこさま料理）
扉写真／高木あつ子（p5）、長野陽一（p20、55）、
五十嵐公（p87）

本書は「別冊うかたま」2021年9月号を書籍化したものです。

「伝え継ぐ 日本の家庭料理」出版にあたって

一般社団法人 日本調理科学会では、2000年度以来、「調理文化の地域性と調理科学」をテーマにした特別研究に取り組んできました。2012年度からは「次世代に伝え継ぐ 日本の家庭料理」の全国的な調査研究をしています。この研究では地域に残されている特徴ある家庭料理を、聞き書き調査により地域の暮らしの背景とともに記録しています。

こうした研究の蓄積を活かし、「伝え継ぐ 日本の家庭料理」の刊行を企図しました。全国に著作委員会を設置し、都道府県ごとに40品の次世代に伝え継ぎたい家庭料理を選びました。その基準は次の2点です。

①およそ昭和35年から45年までに地域に定着していた家庭料理

②地域の人々が次の世代以降もつくってほしい、食べてほしいと願っている料理

そうして全国から約1900品の料理が集まりました。それを、「すし」「野菜のおかず」「行事食」といった16のテーマに分類して刊行するのが本シリーズです。日本の食文化の多様性を一覧でき、かつ、実際につくることができるレシピにして記録していきます。ただし、紙幅の関係で掲載しきれない料理もあるため、別途データベースの形ですべての料理の情報をさまざまな角度から検索し、家庭や職場、研究等の場面で利用できるようにする予定です。

日本全国47都道府県、それぞれの地域に伝わる家庭料理の味を、つくり方とともに聞き書きした内容も記録することは、地域の味を共有し、次世代に伝え継いでいくことにつながる大切な作業と思っています。読者の皆さんが各地域ごとの歴史や生活習慣にも思いをはせ、それらと密接に関わっている食文化の形成に対する共通認識のようなものが生まれることも期待してやみません。

日本調理科学会は2017年に創立50周年を迎えました。本シリーズを創立50周年記念事業の一つとして刊行することが日本の食文化の伝承の一助になれば、調査に関わった著作委員はもちろんのこと、学会として望外の喜びとするところです。

2017年9月1日

一般社団法人 日本調理科学会　会長　香西みどり

＊なお、本シリーズは聞き書き調査に加え、地域限定の出版物や非売品の冊子を含む多くの文献調査を踏まえて執筆しています。これらのすべてを毎回列挙することは難しいですが、今後別途、参考資料の情報をまとめ、さらなる調査研究の一助とする予定です。

＜日本調理科学会 創立50周年記念出版委員会＞
委員長　香西みどり（お茶の水女子大学名誉教授）
委　員　石井克枝（千葉大学名誉教授）
同　今井悦子（元聖徳大学教授）
同　真部真里子（同志社女子大学教授）
同　大越ひろ（日本女子大学名誉教授）
同　長野宏子（岐阜大学名誉教授）
同　東根裕子（甲南女子大学准教授）
同　福留奈美（東京聖栄大学准教授）